KB125121

10대와 통하는

# 생활 속
# 법률 문해력

## 10대와 통하는 생활 속 법률 문해력

제1판 제1쇄 발행일 2024년 6월 10일

글 _ 서창효, 서치원, 유승희, 조영신, 최정규
그림_ 나유진
기획 _ 법무법인 원곡, 책도둑(박정훈, 박정식, 김민호)
디자인 _ 채홍디자인
펴낸이 _ 김은지
펴낸곳 _ 철수와영희
등록번호 _ 제319-2005-42호
주소 _ 서울시 마포구 월드컵로 65, 302호(망원동, 양경회관)
전화 _ 02) 332-0815
팩스 _ 02) 6003-1958
전자우편 _ chulsu815@hanmail.net

ISBN 979-11-7153-012-0  43360

철수와영희 출판사는 '어린이' 철수와 영희, '어른' 철수와 영희에게
도움 되는 책을 펴내기 위해 노력합니다.

# 10대와 통하는
# 생활 속
# 법률 문해력

글 서창효, 서치원, 유승희, 조영신, 최정규

그림 나유진

철수와영희

## 기획 | 법무법인 원곡

법무법인 원곡은 '우리가 이웃을 구조한다'는 정신으로 노동 이주민, 결혼 이주민, 난민 같은 분들의 이주 및 체류에 관한 법률 지원, 아동과 장애인의 학대 피해 및 성범죄 피해에 대한 법률 조력, 임금 체불, 산업재해, 직장 내 괴롭힘 같은 근로 관계 분쟁 해결, 북한 이탈주민, 국가폭력 피해자와 공익 신고자에 대한 지원, 경제적 갑을 관계 해소를 위한 법률 조력, 아동과 장애인의 인권 옹호 활동 등 법률 소외 계층에 대한 법률 구조를 위해 힘쓰고 있습니다.

## 일러두기

판례 번호는 '선고 법원+선고 일자+사건 번호' 순서로 적습니다. 예컨대, 서울남부지방법원에서 2012년 2월 7일에 선고한 2011가단43086호 판결은 '서울남부지방법원 2012. 2. 7. 선고 2011가단43086호 판결'로 씁니다. 여기서 사건 번호인 '2011가단43086'은 '접수 연도+사건 부호+접수 번호'로 구성됩니다. 접수 연도가 2011년이라는 것과 접수 번호도 43086호라는 건 알겠는데 중간에 '가단'은 무슨 뜻일까요?

'가단'처럼 접수 연도와 접수 번호 사이에 위치한 글자를 사건 부호라고 합니다. 사건 부호는 일정한 규칙에 따라 부여됩니다. 민사 사건 1심은 '가', 2심은 '나', 3심은 '다'이고, 형사 사건 1심은 '고', 2심은 '노', 3심은 '도', 행정 사건 1심은 '구', 2심은 '누', 3심은 '두', 가사 사건 1심은 '드', 2심은 '르', 3심은 '므'가 붙습니다. 그리고 '가단'에서 '단'은 단독 재판부(판사 1인)를 말합니다. '합'은 합의 재판부(판사 3인)를 말하지요. 단독 재판부, 합의 재판부는 1심에서만 구별된답니다.

정리해 보면 '서울남부지방법원 2011가단43086호'라는 판례 번호는 서울남부지방법원에 2011년 접수한 43086호 사건이고 '민사 1심 단독재판부'(가단) 사건임을 나타냅니다. 사건 부호를 통해 "민사 1심 단독재판부"를 단 두 글자 '가단'으로 표시했네요. 처음엔 낯설지만 익숙해지면 보다 신속한 사건 파악에 도움이 된답니다.

# 법률 문해력과 법 공부의 맛

"무전유죄, 유전무죄", "법대로 하자."

우리가 살면서 듣게 되는 법에 대한 말은 부정적인 게 많습니다. 법에 대한 부정적인 인식을 가진 사람은 법 같은 건 몰라도 된다는 태도를 갖기 쉽습니다.

법에 무지한 태도를 가진 사람은 실생활에서 겪게 되는 다양한 법률 문제를 골칫덩이로 여길 뿐 스스로 '법률 문해력'을 키워 해결할 수 있다는 생각은 하지 못하게 됩니다.

저희는 독자 여러분이 청소년기부터 실생활에서 겪게 되는 다양한 법률 문제를 고민하고 해결함으로써 법률 문해력을 키우는 데 도움을 주고자 이 책을 썼습니다.

이 책은 10대, 그중에서도 중학생을 주된 독자로 하였습니다. 하지만 고등학생이 읽기에도 부족함은 없을 것입니다. SNS, 노동법, 형법(범죄), 인권(기본권), 환경권, 정치, 교육, 손해배상, 독도에 이르기까지 다양한 분야를 다루었습니다. 각 분야별로 간단한 사례를 제시하고 실제 법조문이나 판례를 통해 설명하는 방식을 취했습니다. 문제 해결의 결론도 중요하지만 그보다 문제 해결에 이르는 과정을 꼼꼼히 설명하기 위해 노력했습니다. 법조문이나 판례가 제시하는 결론은 만고불변의 진리가 아니라 우리 사회의 변화와 발전에 따라 함께 변화하고 발전해 가는 유동적 성격을 갖기 때문입니다.

"법은 맥주와 같다."는 독일 격언이 있습니다. 맥주 맛을 모를 때는 쓰고 독하기만 한 맥주를 왜 마시는지 이해하기 어렵습니다. 하지만 일단 그 맛을 알게 되면 깊은 숙성 과정을 거쳐 완성되는 발효의 과학을 몸소 깨닫고 감탄하게 됩니다. 굳이 법을 맥주에 비유한 이유도 딱딱할 수밖에 없는 법 공부의 끝에는 생각보다 짜릿한(?) 결실이 기다리고 있음을 강조하기 위해서일지 모르겠습니다.

청소년 책에 맥주를 언급해 죄송합니다만 이보다 정확하게 법 공부의 맛을 표현한 격언은 찾지 못했습니다. 부디 맥주의 맛을 알게 되는 그날까지, 법 공부의 맛을 알게 되는 그날까지, 이 책이 여러분 곁에서 도움이 되었으면 좋겠습니다.

서창효, 서치원, 유승희, 조영신, 최정규 드림

차례

# 1장

# SNS를 합법적이고
# 지혜롭게 이용하기

# 01
# 재미로 연예인인
# 척한 것뿐이에요

열쇠말: 개인정보 유출과 처벌, 해킹, 사칭
관련 법: 「개인정보 보호법」, 「형법」

수업을 마치고 집으로 돌아온 철수. 침대에 누워 스마트폰으로 인스타그램에 접속한 후 검색창에 평소 관심을 가지고 있던 유명 걸그룹 멤버 ○○○을 입력하였습니다. 같은 이름을 가진 사람이 많았지만 프로필 사진을 확인한 후 곧바로 '팔로우 신청'을 보냈습니다.

인스타그램에 '얼짱' 각도인 45도 셀카를 찍어 올리던 철수. 얼마 지나지 않아 걸그룹 멤버 ○○○이 메시지를 보내왔습니다.

"철수야~ 반가워. 이번 팬클럽 모임에 철수를 초대하려고 하는데, 참석자 이름과 주민등록번호가 필요해. 좀 보내 줄래^^"
– 걸그룹 멤버 ○○○

철수는 걸그룹 멤버와 만날 수 있다는 생각에 아무런 의심도 없이 '이름과 주민등록번호'를 보내 주었습니다. 그런데 다음 날 아침 철수는 친구들로부터 충격적인 말을 들었습니다. '이상하네… 걸그룹 멤버 ○○○은 인스타그램을 하지 않는데….'

최근 유명 연예인이나 가까운 친구 등을 사칭하거나 SNS를 해킹하여 개인정보를 유출하는 일이 점점 많아져 사회적으로도 큰 문제가 되고 있습니다. 이런 경우 「개인정보 보호법」* 위반이 될 수 있어요.

그렇다면 개인정보란 무엇을 의미할까요? 입법자, 그러니까 법을 만들고 고치는 사람들(국회의원)이 만든 「개인정보 보호법」에서는 개인정보에 대하여 다음과 같이 정의하고 있어요.

---

**「개인정보 보호법」**

제2조(정의) 이 법에서 사용하는 용어의 뜻은 다음과 같다.

1. "개인정보"란 살아 있는 개인에 관한 정보로서 다음 각 목의 어느 하나에 해당하는 정보를 말한다.

　가. 성명, 주민등록번호 및 영상 등을 통하여 개인을 알아볼 수 있는 정보

　나. 해당 정보만으로는 특정 개인을 알아볼 수 없더라도 다른 정보와 쉽게 결합하여 알아볼 수 있는 정보. 이 경우 쉽게 결합할 수 있는지 여부는 다른 정보의 입수 가능성 등 개인을 알아보는 데 소요되는 시간, 비용, 기술 등을 합리적으로 고려하여야 한다.

　다. 가목 또는 나목을 제1호의2에 따라 가명 처리함으로써 원래의 상태로 복원하기 위한 추가 정보의 사용·결합 없이는 특정 개인을 알아볼 수 없는 정보(이하 "가명정보"라 한다).

---

* 　법률 본문은 국가법령정보센터(http://law.go.kr)에서 손쉽게 검색이 가능합니다.

앞에서 철수는 "이름과 주민등록번호"를 보내 주었지요? 「개인정보 보호법」 조문 중 어디에 해당할까요? 네. 맞습니다. "가. 성명, 주민등록번호 및 영상 등을 통하여 개인을 알아볼 수 있는 정보"에 해당합니다. 이것을 제1호 가목에 해당한다고 표현합니다. 아라비아 숫자 '1.'은 "1호"(2.는 2호가 되겠죠?), '가.'는 "가목"('나.'는 "나목"이 됩니다)이라고 읽는 것이지요. 법조문을 읽을 때의 약속이니까 기억해 두면 좋겠네요.

그렇다면 철수를 속여 이름과 주민등록번호를 수집한 사람은 어떤 처벌을 받게 될까요? 「개인정보 보호법」에 따라 '3년 이하의 징역 또는 3천만 원 이하의 벌금'을 받게 됩니다(「개인정보 보호법」 제72조 제2호). 이때 연예인을 사칭한 범죄자는 항상 '징역 3년 아니면 벌금 3천만 원'의 처벌을 받게 될까요? 그렇지 않습니다.

법조문에 적힌 형량은 법정형("법"에서 "정"한 "형")이라고 하는데 법정형은 대부분 5년 이하, 1년 이상 같은 식으로 상한이나 하한을 두고 있을 뿐 구체적으로 몇 년을 선고해야 하는지 정하지는 않습니다. 때문에 구체적으로 몇 년을 선고할지는 개별 사건에서 법관이 정할 수밖에 없지요. 예컨대 5년 이하의 징역형이 법정형일 때 법관은 5년을 선고할 수도 있지만 1월을 선고할 수도 있어요. 이때 법관이 선고하는 형을 "선고형", 구체적인 선고형을 정하는 사유를 "양형사유"라고 합니다. 5년 이하의 법정형인데 왜 1년을 선고하는지, 혹은 5년을 선고하는지 설명하는 것이지요.

　SNS를 통한 사칭은 유명 연예인에게만 일어나는 일은 아닙니다. 국내 대기업의 인사팀 직원을 사칭한 페이스북 계정을 만들어 입사 지원자로부터 개인정보를 받아 보이스 피싱에 이용한 사례도 있고, 미국 위스콘신주에서는 18세 남성이 여성으로 가장하여 여학생 31명으로부터 알몸 사진 등을 받아 낸 혐의로 고소를 당하기도 하였습니다.

　물론 SNS는 시간과 장소에 구애받지 않고 전 세계인이 교류할 수 있는 중요한 매개체 역할을 하고 있다는 긍정적인 면이 있습니다. 하지만 한편으로는 각종 범죄 수단으로 악용되는 부정적인 면도 있답니다. 혹 내가 SNS에서 무심코 한 행위가 법 위반이 될 수도 있으니 이번 기회에 「개인정보 보호법」을 알아 두면 좋겠지요?

## 02
# 사실을
# 말했을 뿐인데
# 왜 명예훼손이야

**열쇠말:** 카톡과 명예훼손
**관련 법:** 「정보통신망 이용촉진 및 정보보호 등에 관한 법률」,
「형법」

# 사실을 말했을 뿐인데 왜 명예훼손이야

(검사, 변호인, 피고인 착석)

재판장: 지금부터 2023년 11월 26일 '모의 지방법원' 형사 제1단독 재판을 시작하겠습니다.

진행할 사건은 2023고단4949 피고인 우연희, 피고인 나반장에 대한 「정보통신망 이용촉진 및 정보보호 등에 관한 법률」 위반 사건입니다.

피고인, 피고인은 일체의 진술을 하지 아니하거나 개개의 질문에 대하여 진술을 거부할 권리가 있습니다. 또한 자신에게 이익이 되는 사실을 진술할 수 있습니다.

(검사 쪽을 바라보며) 검사께서는 공소 사실의 요지를 진술해 주십시오.

검사: 피고인 우연희는 2023년 5월 27일 밤 7시경 서울 동안구 서서동 1번지 모도 아파트 1동 101호 피고인의 집에서 피고인 나반장에게 다음과 같은 카톡 메시지를 보냈습니다. '2023년 5월 27일 오후 2시경 제일고등학교 3학년 1반 교실에서 안가진이 박재상의 책상 쪽에서 무언가를 뒤지는 것을 보았는데 그것으로 보아 안가진이 박재상이 책상 서랍 안에 둔 CD를 훔쳐 간 것이다. 내가 말해 줬다는 것은 절대 비밀로 하고 이 사실은 아무에게도 말하면 안 된다.'

피고인 나반장은 2023년 5월 27일 밤 9시경 이 모도 아파트 2동 202호 피고인의 집에서 '2023년 5월 27일 제일고등학교 3학년 1반 교실에서 안가진이 박재상의 CD를 훔쳐 간 것이 사실로 확인되었으니 앞으로 학생들은 안가진을 조심해야 한다.'는 내용의 메시지를 학급 카톡방에 게시하여 학급 학생 및 선생님 등 다수의 사람이 볼 수 있도록 하였습니다. 결국 피고인 우연희, 나반장은 공모하여 피해자 안가진을 비방할 목적으로 정보통신망인 카톡을 통하여 공공연하게 사실을 드러내어 안가진의 명예를 훼손한 것입니다.

재판장: 피고인들은 공소장을 받아 보았습니까?

피고인들: 네.

재판장: 피고인들은 검사의 공소 사실을 인정합니까?

피고인 우연희: (매우 단호하게) 아닙니다. 저는 단지 안가진에게 의심 가는 면이 있어 그 사실을 다른 사람에게 알리지 말라는 전제하에 학급회장인 나반장에게만 전달했을 뿐이지 결코 피해자 안가진을 비방할 목적이 있었거나 이를 다른 학생들에게 널리 알리려는 의사가 없었습니다. 제 말을 믿어 주십시오.

피고인 나반장: 저는 학급회장으로서 우리 반에서 자주 물건이 없어져서 학생들이 피해를 입고 있어 앞으로 더 이상 그런 일이 없어야겠다는 생각에 우연희가 보내 준 카톡을 믿고 그 내용을 학급 카톡방에 게시하였을 뿐입니다. 저도 결코 피해자 안가진을 비방할 목적이 있었다거나 허위의 사실을 다른 학생들에게 전파하려는 의도는 없었습니다. 정말입니다.

이 재판에서 쟁점은 무엇일까요?

먼저 허위 사실이 아니라 사실, 또는 진실한 내용을 말한 것인데도 명예훼손이 되는가 하는 점입니다. 우리나라는 사실에 대해서도 명예훼손 처벌 규정을 두고 있지만 많은 나라에서는 사실을 말한 것에 대해 명예훼손 처벌 규정이 없습니다. 어쨌든 현행 국내법 기준으로는 사실 또는 진실한 내용을 말한 경우에도 처벌이 가능하며, 법조문에서 확인하는 것처럼 "허위사실"이냐 "사실"이냐에 따라 처벌의 정도가 달라질 뿐입니다. 당연히 허위(거짓)사실을 유포했을 때 더 무거운 처벌을 받게 됩니다.

다음으로 우연희가 나반장에게 비밀을 당부하며 보낸 일대일 카톡 내용이 명예훼손이 되는가 하는 점입니다. 명예훼손이 성립되려면 "불특정 또는 다수인 앞"에서 행위가 있어야 합니다. 이것을 '공연성' 요건이라고 합니다. 일상생활에서는 잘 안 쓰는 용어인데 국어사전에서는 "세상 사람이 다 알 만큼 뚜렷하고 떳떳하게"라고 단어의 뜻을 설명합니다. 여러 사람 앞에서 망신스러운 사실을 들추는 경우 처벌되지만 비밀스러운 공간에서 단둘이 얘기한 경우는 처벌할 수 없다는 것이지요. 그런데 요즘 SNS, 예를 들어 인스타그램, 카카오톡(이하 '카톡') 등 정보통신망에서 비대면으로 정보를 공유하는 경우는 어떻게 봐야 할까요? 일대일 비밀대화를 했는데 이때도 "불특정 또는 다수인 앞"에서 명예훼손이 있다고 할 수 있을까요?

대법원은 2008년 2월 14일 "개인 블로그의 비공개 대화방에서 상대방으로부터 비밀을 지키겠다는 말을 듣고 일대일로 대화하였다고 하더라도, 그 사정만으로 대화 상대방이 대화 내용을 불특정 또는 다수에게 전파할 가능성이 없다고 할 수 없으므로, 명예훼손죄의 요건인 공연성을 인정할 여지가 있다."고 판결한 바 있습니다(대법원 2008. 2. 14. 선고 2007도8155 판결). 일대일 비공개 대화에서 한 말이고 대화 상대방이 절대 비밀로 하겠다고 약속했을지라도 명예훼손죄가 될 수 있다고 본 것이지요. 물론 그 대화의 내용 자체가 사실이건 허위사실이건 누군가의 명예를 훼손할 만한 내용이었음을 전제로 합니다. 이때 대법원은 불특정 또는 다수인 앞에서 대화한 것이 아니라 일대일로 대화했는데 왜 공연성을 인정할 여지가 있다고 한 것일까요? 바로 "전파할 가능성" 때문에 그렇습니다. 일대일 대화는 분명 공연성의 정의를 충족하지 않지만, 일대일 대화를 한 사람이 여기저기 전파한다면 결과적으로 불특정 또는 다수인이 일대일 대화 내용을 다 알게 되므로 공연성이 인정된다고 본 것이지요.

이 문제에 정확하게 답하기 위해서는 해당 행위가 「정보통신망 이용촉진 및 정보보호 등에 관한 법률」('정보통신망법')의 처벌 규정에 해당되는지 살펴보아야 합니다.

「정보통신망 이용촉진 및 정보보호 등에 관한 법률」 제70조(벌칙)

① 사람을 비방할 목적으로 정보통신망을 통하여 공공연하게 사실을 드러내어 다른 사람의 명예를 훼손한 자는 3년 징역 또는 3천만 원 이하의 벌금에 처한다.

② 사람을 비방할 목적으로 정보통신망을 통하여 공공연하게 거짓의 사실을 드러내어 다른 사람의 명예를 훼손한 자는 7년 이하의 징역, 10년 이하의 자격정지 또는 5천만 원 이하의 벌금에 처한다.

③ 제1항과 제2항의 죄는 피해자가 구체적으로 밝힌 의사에 반하여 공소를 제기할 수 없다.

여기서 '공공연하게'는 '공연성' 요건을 말하고 '사실'(제70조 제1항), '거짓의 사실'(허위사실, 제70조 제2항)도 이해하기 어렵지 않습니다. 일대일 비밀 대화라도 명예훼손이 가능하다고 했으니 결국 피고인들은 여러 사람이 볼 수 있는 반 카톡에 공공연하게 안가진이 박재상의 CD를 훔쳐 갔다고 사실을 드러내었으니 모두 유죄 아닐까요?

얼핏 그런 생각이 들기도 합니다. 하지만 우리는 법조문 중 '비방할 목적'이란 문구에 주목할 필요가 있습니다. 우리 대법원은 진실한 사실을 공익 목적으로 알린 경우에는 "사람을 비방할 목적"이 없다고 판단하고 있기 때문입니다. 다시 말해 공익 목적으로 진실한 사실을 공공연히 알렸다면 설령 그로 인해 사람의 명

예가 훼손되었을지라도 비방할 목적이 없으므로 무죄라는 것이
지요. 그렇다면 이 사건에서 피고인 우연희와 나반장의 행위에
"비방의 목적"이 있었다고 인정될 수 있을까요? 이에 대해 이 사
건을 모의재판으로 진행한 친구들은 다음과 같은 판결을 내렸습
니다. 여러분은 이 결론에 동의하는지요?

---

**모의 판결문**

[주문]

피고인들은 모두 무죄.

[이유]

피고인 우연희가 본인이 직접 목격한 사건에 대해서 나반장에게만 알리
면서 다른 사람에게는 알리지 말라고 하였으나 결과적으로 나반장이 학
급 카톡방에 그 내용을 게시함으로써 학급 카톡방 내 불특정 다수가 안가
진이 박재상의 CD를 훔쳤음을 알게 된 사실은 인정된다. 그러나 피고인
나반장이 추가적인 절도 피해를 막기 위한 공익적 목적에서 해당 글을 게
시한 점에 비추어 안가진을 비방할 목적이 있었다고 인정하기 어렵다. 따
라서 피고인들에게 「정보통신망법」 제70조 제1항을 적용할 수 없다.

---

  공공의 이익을 위한 명예훼손은 처벌하지 않는다는 원칙과 관
련해 생각해 볼 개념이 바로 '알 권리'입니다.

### 알 권리

국민 개개인이 정치적·사회적 현실에 대한 정보를 자유롭게 알 수 있는 권리, 또는 이러한 정보에 대해 접근할 수 있는 권리를 통칭하는 개념이다. 이 말이 처음 등장한 것은 1945년 미국 AP통신사의 쿠퍼(Kent Cooper)가 '알 권리'를 제창하는 강연을 하면서부터이다. 그는 1956년 저서 『알 권리』에서 개인의 자기표현을 가능하게 하는 인간의 존엄성을 역설해 알 권리를 세계로 확산시킨 주인공이다.

개인을 둘러싼 사회 환경의 영향력이 확대되고, 정보기술이 급속하게 발달하면서 개인들 역시 자신을 둘러싸고 있는 현실에 대한 정보를 얻고자 하는 욕구가 강해지고 알 권리 문제는 자연스럽게 새로운 인권의 문제로 자리 잡기 시작하였다. 현대사회가 민주화·정보화 사회라는 점에서 알 권리는 갈수록 정당성을 확보해 가고 있으며, 언론·표현의 자유가 실현되기 위해서는 반드시 보장되어야 한다는 견해가 지배적이다. 1998년 1월부터 시행된 공공기관의 정보공개 제도 역시 이러한 국민의 알 권리 충족에 부응해 제정된 것이며, 그밖에 자유권적 정보수집권, 청구권적 정보수집권, 정보수령권 등도 넓은 의미에서 알 권리로 인정받고 있다

'알 권리'가 법에 구현된 게 바로 「형법」 제310조입니다. 다른 사람의 명예를 훼손하는 행위라 하더라도 그것이 만약 대중에게 필요한 정보라면 그 행위를 처벌하지 않고 보호하겠다는 것입니다. 「형법」이라고 하면 사람을 처벌하는 것만 생각하기 쉽지만 「형법」은 이렇게 억울한 처벌로부터 행위자를 보호하는 역할도

우리나라는 사실에 대해서도 명예훼손 처벌 규정을 두고 있지만 많은 나라에서는 사실을 말한 것에 대해 명예훼손 처벌 규정이 없습니다.

하고 있습니다. 주의해야 할 점은 타인의 명예를 훼손하는 경우라 할지라도 '알 권리' 실현을 위해 처벌하지 않는 경우는 오로지 '사실' 적시에 의한 명예훼손뿐이라는 점입니다. 따라서 '허위'사실 적시에 의한 명예훼손은 「형법」 제310조의 보호를 받을 수 없습니다.

그렇다면 신문 기자가 허위사실을 진실로 착각한 경우는 어떨까요? 내용 중에 일부 허위사실이 포함된 신문기사를 보도한 사안에 대해, 대법원은 "기사 작성의 목적이 공공의 이익에 관한 것이고 그 기사 내용을 작성자가 진실하다고 믿었으며 그와 같이 믿은 데에 객관적인 상당한 이유가 있다는 이유로 명예훼손의 위법성을 부인"하는 판결을 한 적이 있습니다(대법원 1996. 8. 23. 선고 94도3191 판결).

---

제307조(명예훼손) ① 공연히 사실을 적시하여 사람의 명예를 훼손한 자는 2년 이하의 징역이나 금고 또는 500만 원 이하의 벌금에 처한다.
제310조(위법성의 조각) 제307조 제1항의 행위가 진실한 사실로서 오로지 공공의 이익에 관한 때에는 처벌하지 아니한다.

## 03
# 카톡 감옥 탈출기

**열쇠말:** 학교폭력, 형사 고소
**관련 법:** 「정보통신망 이용촉진 및 정보보호 등에 관한 법률」,
「형법」, 「학교폭력 예방 및 대책에 관한 법률」

추석 연휴가 끝나고 오랜만에 찾은 교실. 그런데 옆자리 짝꿍은 표정이 좋지 않습니다.

"야, 너 무슨 일 있냐?"

한참 말이 없던 녀석은 집에 갈 때가 돼서야 철수를 조용히 불러냈습니다.

"나 이번에 '카톡 감옥'(카톡방에 초대해서 일방적으로 욕설과 비방을 퍼붓다가 대화방에서 나가면 다시 초대해서 결국 대화방을 나갈 수 없게 만드는 짓)에 갇혔잖아. 아, 괴롭다. 이거 진짜 비밀이다. 나 어떡하냐…?"

철수는 지난 여름방학의 악몽이 떠올랐어요. 그땐 어찌어찌 끝났지만 이번엔 짝꿍이 또 다른 희생양이 된 것 같았습니다. 짝꿍을 도울 수 있는 방법은 뭐가 있을까요?

짝꿍이 당한 일은 사이버불링, 사이버폭력에 해당합니다. 사이버폭력이란 '인터넷상에서 상대방이 원하지 않는 언어, 이미지 따위를 일방적으로 전달하여 정신적·심리적 압박을 느끼도록 하거나 현실 공간에서의 피해를 유발하는 일'(네이버 국어사전)

을 말합니다.

한국지능정보사회진흥원이 여론조사 기관 한국리서치에 의뢰해 실시한 조사에 의하면, 2022년 기준 초등학생(4~6학년)의 사이버폭력 가해경험률(전체 응답자 중 가해한 적이 있다고 답한 비율)은 22.1%, 사이버폭력 피해경험률(전체 응답자 중 피해를 본 적이 있다고 답한 비율)은 39.3%, 중학생의 가해경험률은 24.8%, 피해경험률은 41.3%, 고등학생의 가해경험률은 14.5%, 피해경험률은 31.5%로 나타났습니다.* 가장 빈번한 사이버폭력 유형은 '언어폭력'이고, 가해의 주된 동기는 '보복'으로 나타났습니다. 특히 사이버폭력 가해 경험자 중 79.9%가 사이버폭력의 피해 경험이 있다고 답해 피해자가 다시 가해자가 되는 악순환이 반복되고 있는 것으로 추정됩니다. 청소년 사이버폭력 피해자 중 절반 이상(52.7%)은 가해자를 전혀 모르거나 이름과 얼굴만 아는 사이라고 답했고, 절반 정도(47.5%)는 온라인 게임을 통해 피해를 입었다고 답했습니다.

이러한 사이버폭력을 막을 수 있는 방법은 뭐가 있을까요? 우선 예방 교육이 필요하겠습니다. 위 조사 결과 사이버폭력 예방 교육을 받은 청소년의 83.7%가 교육이 도움이 되었다고 답했고, 전체 응답자의 91.1%는 사이버폭력 예방 교육이 필요하다고 답

---

* https://m.hankookilbo.com/News/Read/A2023081008250001035

했습니다. 그럼에도 불구하고 만약에 이미 피해를 입었다면 어떻게 해야 할까요? 사이버폭력을 당한 경우 도움을 받을 수 있는 곳으로는 청소년사이버상담센터(1388), 경찰청사이버안전지킴이(112), 푸른나무재단(1588-9128), 푸른코끼리 앱 등이 있습니다. 그런데 전화번호를 바꾸고 카톡을 탈퇴하고, 부모님이나 선생님께 알리는 방법을 다 동원해도 해결되지 않을 때는 어떻게 해야 할까요?

짝꿍이 당한 사이버폭력 피해는 그 자체로 「학교폭력 예방 및 대책에 관한 법률」('학교폭력예방법')에 위반됩니다. 따라서 가해자는 형사처벌과는 별개로 「학교폭력예방법」에 의한 조치를 받을 수 있습니다(다만, "학생"이어야 합니다).

---

**「학교폭력 예방 및 대책에 관한 법률」('학교폭력예방법')**

[시행 2024. 3. 1.] [법률 제19234호, 2024. 1. 9. 일부 개정]

제2조(정의) 이 법에서 사용하는 용어의 정의는 다음 각호와 같다.

1의3. "사이버폭력"이란 정보통신망(「정보통신망 이용촉진 및 정보보호 등에 관한 법률」 제2조 제1항 제1호의 정보통신망을 말한다)을 이용하여 학생을 대상으로 발생한 따돌림과 그 밖에 신체·정신 또는 재산상의 피해를 수반하는 행위를 말한다.

---

학교폭력 신고를 했음에도 문제가 해결되지 않는다면 최후의 방법으로 가해자들을 형사 고소하는 방법이 있습니다(최후의 방법을 전문 용어로 「형법」의 '보충성'이라고 합니다). 형사 고소는 형사처벌을 전제로 하는 것이고 형사처벌은 우리 「헌법」이 예정하고 있는 가해자에 대한 제재 수단 중 가장 강력한 수단입니다.

그렇다면 실제로 형사 고소는 어떻게 하는지, 고소를 하면 어떻게 되는지 살펴볼까요?


1) 증거 수집: 고소장을 접수하기 전에 가장 먼저 해야 할 일은 일단 증거를 수집하는 일입니다. 증거 없는 고소는 자칫 무고죄로 처벌될 위험이 있으니 고소를 할 때는 증거를 꼼꼼하게 갖추고 사실 관계를 증명하는 것이 무엇보다 중요합니다(참고로 무고죄는 그 사람이 사실은 죄가 없는 걸 알면서도 처벌해 달라고 수사기관 등에 신고할 때 그 신고자를 처벌하는 죄입니다). 이 사건에서는 '카톡 감옥'에서 이루어진 각종 욕설과 비방이 담긴 카톡 화면을 전부 캡처해 두어야 합니다. 카톡 서버에도 기록이 남기는 하지만 최근에는 보관 기간이 매우 짧아져서 일이 발생했을 때 바로바로 저장해 두는 것이 좋습니다. 가능하면 종이로 출력까지 해 두면 더 좋습니다.


2) 고소장 작성: 수집된 증거를 바탕으로 고소장을 작성합니다. 이때 고소장 양식을 참조하면 좋습니다. "경찰민원포털 → 고객센터 → 민원서

식→수사→고소장"에서 쉽게 찾을 수 있습니다.* '고소인'에는 자신의 인적 사항을 쓰고, '피고소인'에는 가해자의 인적 사항을 씁니다. 이때 가해자가 누구인지 모를 때는 카톡 아이디나 게임 아이디를 쓰기도 합니다. 그리고 자신의 피해 사실을 육하원칙(누가, 언제, 어디서, 무엇을, 어떻게, 왜)에 따라 간단히 적고, 그 피해 사실을 뒷받침할 증거를 첨부하면 됩니다.

3) 고소장 접수: 작성한 고소장을 가까운 경찰서에 방문하여 제출하거나, 우편으로 제출합니다. 참고로 사이버범죄는 온라인으로 신고할 수 있습니다.** 고소장이 제대로 접수되면 '사건 번호(예: 2024-12345)'가 부여되어 정식으로 수사를 하게 됩니다.

4) 정식 수사 과정: 수사기관은 먼저 고소인(피해자)을 조사한 후 고소 내용이 충분히 근거가 있다고 생각되면 피고소인(가해자)을 조사하게 됩니다. 조사 과정에서 피해자와 가해자를 한자리에 불러 대질 신문을 하기도 합니다. 그리고 통신 자료 등을 압수수색하기도 하지요. 수사 결과 피고소인에게 죄가 있다고 판단되면 검사는 기소하고 그에 따라 법원에서 형사 재판이 개시됩니다.

---

* https://minwon.police.go.kr/#customerCenter/fileDown
** https://ecrm.police.go.kr/minwon/main

참고로 「학교폭력예방법」에 따른 조치와 별개로 형사처벌을 받는다고 해도 '이중처벌 금지의 원칙'(누구든지 한 번 처벌 받은 행위로 다시 처벌 받아서는 안 된다는 「헌법」 원칙)에 저촉되지 않습니다. 「학교폭력예방법」상 조치는 형사처벌이 아니기 때문입니다.

# 04

# 유튜브 동영상을 따라 한 것이 저작권법 위반이라고?

**열쇠말:** 유튜브 영상 저작물, 표절, 저작권

**관련 법:** 「저작권법」

　　철수네 학교에는 유튜버가 있습니다. 2학년 도팝이는 벌써 구독자가 10만 명이 넘는 유튜버로 '실버 버튼'을 받았지요. 도팝이의 주요 콘텐츠는 다양하고 소소한 실험입니다. 학교 내 모든 학생이 도팝이의 채널을 구독하고 있습니다. 어떤 학생들은 도팝이를 따라서 유튜브 채널을 만들기도 하는 등 적극적으로 1인 크리에이터에 도전하고 있습니다.

　　그러던 어느 날, 복도가 소란스러워 학생들이 모였는데 복도에서 도팝이와 보띵이가 싸우고 있었던 것입니다.

도팝: 야이, 도둑아!

보띵: 내가 왜 도둑이야!

도팝: 왜 내 영상을 마음대로 갖다 써?

보띵: 그게 왜 도둑이야?

도팝: 내 영상을 허락도 없이 갖다 쓰는 거잖아?

보띵: 너도 그 영상 100만 유튜버 탕탕이 거 그대로 따라 한 거잖아?

도팝: 난 따라 한 적 없어!

보띵: 구독자들한테 물어봐. 다 따라 했다고 할걸! 이 따라쟁이야!

사실 관계부터 파악해 도팝이와 보띵이가 정말로 문제가 되는 행동을 했는지 찬찬히 살펴볼까요. 흠, 보띵이의 말처럼 도팝이는 탕탕이의 영상 속 실험을 그대로 따라 했네요. 보띵이는 자신의 유튜브에 도팝이의 영상을 그대로 올리기도 했네요. 이런, 이런! 두 사람 모두 잘못한 거 같은데, 무슨 잘못을 한 걸까요?

「저작권법」에 의하면 '저작권'이란 저작자의 권리와 이에 인접하는 권리를 뜻하는 말입니다. '저작자'란 '저작물'을 창작한 자이고, '저작물'이란 인간의 사상 또는 감정을 표현한 창작물을 말하는 것이지요. 저작물에는 시, 소설 등의 글로 된 어문 저작물, 음악 저작물, 회화나 조각 같은 미술 저작물 등이 있지만, 도팝이와 보띵이가 문제 삼는 것은 영상 저작물입니다.

영상 저작물에는 영화, 드라마 등도 있지만, 요즘은 유튜브 영상이 가장 많은 관심을 받고 있습니다. 영화나 드라마의 저작권자는 주로 개인이 아닌 법인(회사)이다 보니 저작권을 적극적으로 행사해 이를 침해한 사람들에 대해 대응을 하고 있지만, 유튜버의 경우 1인 제작자인 경우가 많아 저작권을 침해당한 피해를 입고도 일일이 대응하기 어려운 문제가 있습니다. 하지만 회사가 아니라 개인의 영상에도 엄연히 저작권이 존재하기 때문에 저작권 침해 문제는 조심해야 합니다.

저작권에는 저작인격권과 저작재산권이 있습니다. 저작인격권에는 공표권, 성명 표시권, 동일성 유지권이 있으며, 저작재산권에는 복제권, 공연권, 공중송신권, 전시권, 배포권, 대여권, 2차 저작물 작성권이 있습니다. 종류가 정말 많지요.

탕탕이가 창작한 영상을 도팝이가 그대로 따라 한 것은 저작권 침해로, '표절'에 해당합니다. 탕탕이는 논문을 참고해 가며 자신이 독자적으로 실험을 설계했고, 그 과정을 편집한 영상을 올렸습니다. 영상 저작물로서 이 실험 영상에 대해서는 탕탕이가 권리를 갖습니다. 그런데 도팝이가 탕탕이의 허락도 없이 이를 그대로 따라 한 것은 저작권자인 탕탕이의 저작권을 침해한 것입니다. 뿐만 아니라 보띵이가 도팝이의 영상을 그대로 자신의 채널에 업로드 한 것은 도팝이의 저작권을 침해한 행위입니다.

이 사안 외에도 저작권 침해에는 타인이 창작한 글을 그대로 가져와 원창작자에 대한 표기 없이 사용하는 것, 창작자의 허락 없이 음악을 배경음악으로 쓰는 것 등등 다양한 경우가 존재합니다. 저작권 침해인지 아닌지 일일이 다 확인하는 것은 어려운 일이지만 출처의 표시, 허락 없는 창작물의 복제 및 배포 금지의 원칙은 반드시 지켜야 합니다. 저작권을 무시하고 자기 마음대로 썼다가 엄청난 손해배상을 해야 할 수도 있습니다.

# 2장

# 노동자의 권리를 지키며
# 일하는 법

# 01

# 성냥팔이 소녀의
# 진실

**열쇠말:** 아동 노동, 노동법, 전태일
**관련 법:** 「근로기준법」

## 성냥팔이 소녀의 진실

"성냥팔이 소녀는 더 이상 춥지도 배고프지도 않았습니다. 끝."

사촌 동생에게 「성냥팔이 소녀」 이야기를 읽어 준 어느 날, 동생은 이야기가 끝나자마자 너무 슬픈 이야기라며 갑자기 울기 시작했습니다. 아무리 달래도 그치지 않고 그날 저녁 내내 우는 것입니다.

사촌 동생이 우는 바람에 철수는 문득 성냥팔이 소녀에 대해 이전에는 해 본 적 없는 생각이 들었습니다.

철수: 누나, 성냥팔이 소녀 이야기는 너무 슬프지 않아? 동심을 파괴하려고 작정한 것도 아니고, 왜 그런 이야기를 지어냈을까?"

누나: 그건 지어낸 이야기가 아니야.

철수: 뭐라고? 지어낸 이야기가 아니라고? 이건 분명히 소설이잖아?

누나: 성냥팔이 소녀 이야기가 쓰여진 시기에는 9세도 안 된 어린이들이 하루에 10시간 넘게 노동하는 일이 흔했다고 해. 그래서 그 당시 사람들의 평균수명도 불과 30세 정도였대. 그러다가 영국 정부에서 '공장

법'이라는 걸 만들어 9세 이하 어린이를 고용할 수 없게 했고, 13세 이하 어린이에게 노동을 시킬 경우 하루 12시간을 넘을 수 없도록 정했다는 거야.

철수: 그게 이 이야기와 무슨 상관이야?

누나: 안데르센이 살던 시기에 헨리 메이휴라는 사람이 쓴 『런던 노동자 계급과 빈민』이라는 책에는 '루시퍼 성냥 소녀'라는 그림이 나와. 그런데 성냥공장에서 일하던 그 소녀는 턱이 이상하게 생겼어. 그 이유는 성냥을 만드는 과정에서 '황린'이라는 물질이 쓰였기 때문이야. 이 물질에 오래 노출되면 잇몸과 턱에 문제가 생기는데 치료법이 없어서 결국에는 턱뼈를 제거할 수밖에 없대. 그림 속 소녀는 그렇게 턱뼈를 잃었던 거야. 정말 끔찍하지? 그리고 성냥공장에서 쫓아내면서 성냥을 한 보따리씩 줬다고 해. 그걸로 알아서 생계를 유지하라는 거지.

철수: 윽…, 어떻게 그럴 수가 있지.

누나: 성냥팔이 소녀들은 일종의 '직업병'을 얻었고, 치료도 받지 못한 채 거리로 내몰린 거야. 그러다 결국 건강 상태가 악화되어 죽기도 했을 거야. 아마 안데르센도 그런 이야기를 듣고 그나마 조금 아름답게 포장해 「성냥팔이 소녀」 같은 동화를 쓴 게 아닐까 싶어.

그림 속 성냥팔이 소녀가 직업병에 걸렸다는 부분은 추측이지만, 그 당시 어린이들이 가혹한 노동을 한 것은 사실이라고 해요. 영국에서 최초의 공장법다운 공장법으로 평가받는 「공장법」

루시퍼 성냥 소녀

은 1833년에 만들어졌는데, 그 주요 내용이 △ 9세 이하 아동 노동 전면 금지(견직 공장은 예외) △아동 고용 시 고용주의 나이 확인 의무 △ 9~13세 아동 노동 하루 9시간 이내 제한 △13~18세 아동 노동 하루 12시간 이내 제한 △아동의 야간 노동 금지 △아동에 대한 1일 2시간 이상 의무 교육 실시라고 하니까요. 이것은 어린이를 어느 정도 보호하기 위해 만든 것이지만, 거꾸로 말해 그때는 어린이들도 9세가 넘으면 최소 하루 9시간 정도는 노동을 했다는 것이지요. 그렇게 아이들까지 총동원하지 않고서는 한 가정이 최소한의 생활을 유지하기도 어려웠다고 해요. 산업

혁명의 종주국이라는 영국도 그렇게 어두운 시절이 있었던 것이지요.

9세짜리 아이가 공장에서 하루에 9시간씩 휴일도 없이 근무해야 한다니, 지금으로서는 참 말도 안 되는 소리 같습니다. 그런데 우리가 이렇게 '말도 안 된다'고 말할 수 있는 근거는 무엇일까요? 어차피 자본주의 사회에서는 각자의 자유로운 선택에 따라 능력에 맞게 살면 되는 것 아닐까요? 돈 많은 사람은 공장을 차리고, 돈 없는 사람은 그 공장에서 일을 하고. 그렇게 서로를 이용해 돈을 벌면 되는 것 아닐까요?(21세기 현재도 소득 수준이 낮은 많은 국가에서는 어린이 노동력을 이용하고 있습니다)

노동과 관련한 내용을 규정하는 법들을 통틀어 '노동법'이라고 합니다. 이 노동법 중에는 대표적으로 「근로기준법」이 있습니다. 「근로기준법」은 근로 조건을 정한 것인데, 근로계약 당사자는 이렇게 법에서 정한 기준보다 낮게 정할 수는 없어요. 계약자유의 원칙에 중대한 수정을 가하는 것이지요. 우리 「헌법」은 '계약자유의 원칙'뿐 아니라 '인간다운 생활을 할 권리'도 보장하고 있는데 양자가 충돌하는 경우 부득이하게 국가가 개입하는 것입니다.

「공장법」, 「근로기준법」 같은 노동법은 저절로 만들어진 것이 아닙니다. 이름도 알 수 없는 수많은 사람들의 희생을 통해 탄생했어요. 우리나라에서도 1970년대에 전태일의 분신자살이라는 가슴 아픈 희생이 있고서야 비로소 사회적 논의가 촉발된 측면이 있습니다.

1970년대는 우리나라 봉제 산업의 전성기였습니다. 당시 미싱사와 제단사는 근무 환경이 아주 열악했어요. 그들이 일하는 공장의 내부는 거의 앉은키만큼 천장이 낮았고 봉제 작업 특성상 먼지가 무척 심한데도 창문이 없어 환기를 할 수 없었습니다. 휴일도 없이 침침한 백열등 아래서 하루 12시간 이상 근무하는 일이 흔했어요. 당시에도 엄연히 「근로기준법」이 존재했지만 기업과 국가 누구도 그걸 지키지 않았어요. 노동자들은 그런 법이 있다는 것을 아예 몰랐거나 어떻게 활용할 수 있는지 몰랐어요. 결국 전태일은 "우리는 기계가 아니다!"라고 외치며 분신이라는 극단적인 선택을 통해 세상을 일깨울 수밖에 없었던 것입니다.

---

**「근로기준법」**

제50조(근로시간) ① 1주간의 근로시간은 휴게시간을 제외하고 40시간을 초과할 수 없다.

② 1일의 근로시간은 휴게시간을 제외하고 8시간을 초과할 수 없다.

③ 제1항 및 제2항에 따라 근로시간을 산정하는 경우 작업을 위하여 근로자가 사용자의 지휘·감독 아래에 있는 대기시간 등은 근로시간으로 본다.

제64조(최저 연령과 취직인허증) ① 15세 미만인 자(「초·중등교육법」에 따른 중학교에 재학 중인 18세 미만인 자를 포함한다)는 근로자로 사용하지 못한다. 다만, 대통령령으로 정하는 기준에 따라 고용노동부 장관이 발급한 취직인허증

(就職認許證)을 지닌 사람은 근로자로 사용할 수 있다.

② 제1항의 취직인허증은 본인의 신청에 따라 의무교육에 지장이 없는 경우에는 직종(職種)을 지정하여서만 발행할 수 있다.

③ 고용노동부 장관은 거짓이나 그 밖의 부정한 방법으로 제1항 단서의 취직인허증을 발급받은 사람에게는 그 인허를 취소하여야 한다.

제69조(근로시간) 15세 이상 18세 미만인 사람의 근로시간은 1일에 7시간, 1주에 35시간을 초과하지 못한다. 다만, 당사자 사이의 합의에 따라 1일에 1시간, 1주에 5시간을 한도로 연장할 수 있다.

현행 「근로기준법」을 볼까요? 다행히 하루에 8시간 노동, 15세 미만 근로 금지는 법률에 확실하게 규정되었군요? 하지만 「근로기준법」은 5명 이상 근무하는 사업장에만 적용되고, 4명 이하가 근무하는 곳에는 「근로기준법」의 일부 규정이 적용되지 않습니다. 그래서 4명 이하가 근무하는 소규모 사업장에는 제50조 근로시간 규정이 적용되지 않습니다. 그러나 제64조 최저 연령 기준은 적용됩니다.

# 02

## 알바 세계에도 법은 있다

**열쇠말**: 근로계약서, 휴업수당, 휴일수당, 퇴직금,
산업재해보상보험
**관련 법**: 「근로기준법」, 「근로자 퇴직급여 보장법」

## 알바 세계에도 법은 있다

### 근로계약서 작성의 의무

사고 싶은 것도 많고, 먹고 싶은 것도 많은데, 부모님한테서 받는 용돈만으로는 도저히 안 되겠다고 생각한 철수(중학생)와 철수 누나(고등학생).

겨울방학을 맞이하여 아르바이트(이하 '알바') 세계로 뛰어들었습니다. 중학생도 취직인허증을 받으면 알바가 가능하지요. 실제 많은 청소년이 알바 현장에서 열심히 일하고 있습니다. 하지만 관련 법과 자신들의 권리를 잘 알지 못해서 부당한 일을 당하는 일이 많습니다.

철수 누나는 알바 자리를 구해 일을 하기로 정하고 집에 왔습니다. 철수는 누나가 하루에 몇 시간 일하는지, 시급은 얼마인지가 궁금해 물어보니, 누나가 헷갈려 합니다. 그래서 혹시 받은 계약서가 없냐고 물었더니 알바 세계에 그런 게 어디 있느냐고 반문합니다. 정말 그런 걸까요?

알바를 할 때 가장 중요한 것은 바로 근로계약서입니다. 근로계약서는 노동자의 근로조건에 관한 제반 사항이 담긴 중요한 문서로서 사용자는 노동자를 고용할 때 반드시 노동자에게 제공해야 합니다. 근로계약서에는 임금, 소정 근로시간, 휴일, 연차 유급휴가, 그 밖에 대통령령으로 정하는 근로조건에 관한 사항이 반드시 포함되어야 합니다(「근로기준법」 제17조).

근로계약서를 작성하지 않거나 작성을 했는데 주지 않거나, 필수 항목 중에 하나라도 빠졌다면 그 사업주는 500만 원 이하의 벌금형에 처해집니다(「근로기준법」 제114조 제1호).

### 휴업수당

한편 철수는 오후 4시 30분부터 9시까지(휴게시간 30분) 4시간 30분 동안 일하기로 점주와 합의하고 일을 시작했습니다. 그런데 점주는 "손님이 없으니 일찍 퇴근하라."는 말을 자주 했습니다. 철수는 점주의 말에 따라 짧게는 10분, 길게는 30분 일찍 퇴근한 날들이 있었습니다. 드디어 급여 날 월급을 받았습니다. 그런데 처음 약속한 금액과 달랐습니다. 그동안 일찍 퇴근한 시간만큼 급여가 적게 책정되어 있었습니다. 이래도 되는 걸까요?

'시간 꺾기'란 말이 있습니다. 알바생들 사이에서 흔히 쓰는 용어로 점주가 애초 합의된 시간보다 알바생의 노동 시간을 일방적으로 단축해 임금을 줄이는 것을 의미합니다. 고용주의 근로시간 단축 지시 자체는 불법이 아니지만, 단축 시간에 대한 급여를 아예 지급하지 않는 것은 불법입니다. 「근로기준법」에 따르면

약정한 근로시간보다 근로자를 일찍 퇴근시킨 경우에는 약정한 종료 시간까지 평균 임금의 70% 이상 '휴업수당'을 지급하여야 합니다.

철수의 점주는 이렇게 주장했습니다. 근무시간은 30분 단위로 계산해서 시급을 준다는 것입니다. 그리고 점주는 3시간 29분을 일했어도 3시간 시급을, 3시간 59분을 한 경우에는 3시간 반만 큼의 임금만을 책정해 주었습니다.

새로운 시간 꺾기의 등장이네요. 15분 단위로, 또는 30분 단위로 노동시간을 계산해 사실상 그만큼의 임금을 줄이는 것. 당연히 근로시간에 상응하는 임금을 주지 않은 것으로, 임금 체불 행위입니다. 이런 경우 각 지방노동청 근로감독관을 찾아가 진정서를 제출하는 방법으로 문제를 해결할 수 있습니다. 다만 자신의 실제 근무시간 관련하여 증빙할 수 있는 자료를 꼼꼼하게 챙겨 두어야 합니다.

## 휴일수당

여러분 중에는 크리스마스에 알바를 하는 친구들이 있지요? 크리스마스는 법정공휴일이라서 이날 일을 하면 일반 시급에 더해서 추가 수당을 받게 되어 있습니다.

여러분도 알다시피 루돌프 사슴은 크리스마스이브에 일하지요. 게다가 모두 잠든 야심한 밤에, 그러니까 '야간근로'를 한 것입니다. 크리스마스에는 뒷정리를 하고 배달 사고 수습(?)을 합니다. '휴일근로'를 한 것이지요. 이렇게 야간근로나 휴일근로를 한 때에는 통상임금보다 최소 50% 더 많은 임금을 받을 수 있어요! 최소 50%입니다. 최대가 아니라. 시급이 1만 원이라면 최소 시급 1만 5,000원을 받아야 한다는 것이지요. 게다가 크리스마스 새벽은 야간인 데다 휴일이니까 100%를 더 받을 수 있어요! 그럼 시급 2만 원이 되겠지요? 우리나라 「근로기준법」에 이처럼 자세한 규정이 있습니다.

---

**「근로기준법」**

제56조(연장·야간 및 휴일 근로) 사용자는 연장근로(제53조·제59조 및 제69조 단서에 따라 연장된 시간의 근로)와 야간근로(오후 10시부터 오전 6시까지 사이의 근로) 또는 휴일근로에 대하여는 통상임금의 100분의 50 이상(8시간 이내, 8시간을 초과한 경우는 통상임금의 100분의 100)을 가산하여 지급하여야 한다.

---

참, 이 규정을 적용할 때에 주의할 사항이 있습니다. 바로 상시 5명 이상이 근무하는 직장에서만 적용된다는 것입니다.

---

**「근로기준법」**

제11조(적용 범위) ① 이 법은 상시 5명 이상의 근로자를 사용하는 모든 사업

또는 사업장에 적용한다. 다만, 동거하는 친족만을 사용하는 사업 또는 사업장과 가사(家事) 사용인에 대하여는 적용하지 아니한다.

그리고 임금을 못 받은 경우 알바를 그만둔 때로부터 3년 이내에 청구하지 않으면 안 됩니다. 청구 시점으로부터 역산해서 3년이 지나면 받을 수 없다는 뜻인데, 예를 들어 2020년 12월 1일부터 2021년 1월 31일까지 알바를 했는데 임금을 전혀 못 받은 경우 2023년 12월 25일 기준으로 임금을 청구한다면 2020년 12월 25일부터 2021년 1월 31일까지의 임금은 받을 수 있지만 2020년 12월 1일부터 2020년 12월 24일까지의 임금은 받을 수 없습니다. 꼭 주의하세요.

「근로기준법」
제49조(임금의 시효) 이 법에 따른 임금채권은 3년간 행사하지 아니하면 시효로 소멸한다.

### 퇴직금

퇴직금은 1년 이상 일한 경우에 인정됩니다(단기 알바는 법적으로 퇴직금이 보장되지 않아요). 1년당 1달치 월급을 더 준다고 생각하면 쉽습니다(자세한 계산 공식이 있는데 일단은 생략하겠습니다). 퇴직금은 퇴직한 날로부터 3년 안에 청구해야 합니다. 다만, 임금과 달리 상시 5인 이상을 사용하는 사업장이 아니라 하더라도, 단 1명만 근무하는 사업장이라고 하더라도 받을 수 있습니다.

---

「근로자 퇴직급여 보장법」

제8조(퇴직금 제도의 설정 등) ① 퇴직금 제도를 설정하려는 사용자는 계속근로기간 1년에 대하여 30일분 이상의 평균임금을 퇴직금으로 퇴직 근로자에게 지급할 수 있는 제도를 설정하여야 한다.

제9조(퇴직금의 지급 등) 사용자는 근로자가 퇴직한 경우에는 그 지급 사유가 발생한 날부터 14일 이내에 퇴직금을 지급하여야 한다. 다만, 특별한 사정이 있는 경우에는 당사자 간의 합의에 따라 지급기일을 연장할 수 있다.

제10조(퇴직금의 시효) 이 법에 따른 퇴직금을 받을 권리는 3년간 행사하지 아니하면 시효로 인하여 소멸한다.

---

이러한 「근로기준법」이나 「근로자 퇴직급여 보장법」을 어기면 형사처벌까지 받습니다.

그리고 알바를 하다가 다치는 일이 있지요. 일을 못 해서 돈을 못 버는데 치료비까지 감당할 생각을 하면 막막한 생각이 듭니다. 이럴 때는 산업재해보상보험을 이용할 수 있어요. 근로복지공단이 담당 기관입니다. 여기에 신청하면 치료비는 물론이고

휴업수당을 받을 수 있는 방법이 있어요. 우리 모두가 법을 잘 알고 또 잘 지켜서 루돌프 사슴같이 고생하는 사람들이 좀 더 행복할 수 있는 세상이 되면 좋겠습니다.

---

**「근로기준법」**

제109조(벌칙) ① 제36조, 제43조, 제44조, 제44조의2, 제46조, 제51조의3, 제52조 제2항 제2호, 제56조, 제65조, 제72조 또는 제76조의3 제6항을 위반한 자는 3년 이하의 징역 또는 3천만 원 이하의 벌금에 처한다.

**「근로자 퇴직급여 보장법」**

제44조(벌칙) 다음 각호의 어느 하나에 해당하는 자는 3년 이하의 징역 또는 3천만 원 이하의 벌금에 처한다. 다만, 제1호 및 제2호의 경우 피해자의 명시적인 의사에 반하여 공소를 제기할 수 없다.

1. 제9조 제1항를 위반하여 퇴직금을 지급하지 아니한 자

---

# 03

# 살아가기 위한
# 최소한의 돈

**열쇠말:** 최저임금

**관련 법:** 「최저임금법」, 「헌법」

철수는 종종 이런 생각을 합니다.

'나중에 일을 하게 되면 한 달에 얼마를 벌 수 있을까? 그 돈으로 집도 사고, 차도 사고, 매일매일 맛있는 저녁도 사 먹을 수 있을까? 수많은 사람들이 일을 하는데, 다들 얼마를 받고 일하는 걸까?'

생각이 꼬리에 꼬리를 물다 보면 끝도 없이 궁금해집니다. 여러분도 궁금하지 않나요? 우리나라 사람들은 얼마를 받고 일할까요?

우리나라의 굵직굵직한 통계를 발표하는 통계청은 지난 2023년 2월 〈2021년 임금근로 일자리 소득 결과〉를 발표했어요. 2021년 임금을 받고 일하는 사람들, 즉 노동자들의 임금을 조사해서 2023년에 발표한 거죠. 그 결과를 보면, 2021년 12월 노동자들의 월 평균소득이 333만 원이었어요. 그리고 노동자들의 소득을 가장 많은 액수부터 가장 적은 액수까지 순서대로 줄 세웠을 때 중간에 위치하는 값인 '중위소득'은 250만 원이었다고 합니다. 전체 노동자 가운데 절반의 월 평균소득은 250만 원보다 적었던 것이죠.* 소득구간별로 나누면, 150~250만 원 구간이 26.3%로 가장 많았고, 250~350만 원 구간은 17.8%였어요.

## 소득구간별 분포[**]

(단위: %, %p)

| 연도 | 85만 원 미만 | 85~150만 원 미만 | 150~250만 원 미만 | 250~350만 원 미만 | 350~450만 원 미만 | 450~550만 원 미만 | 550~650만 원 미만 | 650~800만 원 미만 | 800~1,000만 원 미만 | 1,000만 원 이상 |
|---|---|---|---|---|---|---|---|---|---|---|
| 2020 | 13.9 | 10.2 | 27.9 | 17.1 | 10.0 | 6.6 | 4.6 | 4.6 | 2.6 | 2.6 |
| 2021 | 13.8 | 9.7 | 26.3 | 17.8 | 10.3 | 6.8 | 4.7 | 4.7 | 2.9 | 3.1 |
| 증감 | -0.1 | -0.5 | -1.6 | 0.7 | 0.3 | 0.2 | 0.1 | 0.1 | 0.3 | 0.5 |

그럼 이 통계가 나온 해인 2021년의 최저임금은 얼마였을까요? 일단 '최저임금'이 무엇인지, 그 개념부터 알아볼까요?

기원전 18세기, 그러니까 지금으로부터 대략 3,800년 전에 만들어진 것으로 알려진 함무라비 법전에도 최저임금에 대한 규정이 있었어요. "노동자를 고용하였으면 연초부터 5월까지는 하루에 은 6셰켈을 주고, 6월부터 연말까지는 하루에 5셰켈을 주어야 한다." 아마 가장 오래된 최저임금에 대한 규정이 아닐까 싶어요. 최저임금은 말 그대로 '최저 수준의 임금'인데요. 살아가기 위해 최소한으로 필요한 돈이라고 할 수 있습니다. 일하며 살아

---

* 〈근로자 절반은 월급 250만원 미만…성별 임금격차 다시 벌어졌다〉, 《경향신문》, 2023년 2월 28일.
** 2021년 임금근로일자리소득(보수)결과 보도자료, 통계청, 2023년 2월 29일.

가는 사람들의 생존권을 보장하기 위해 꼭 필요한 규정이다 보니, 수천 년 전 기원전에 만들어진 법에서도 최저임금을 규정하고 있었나 봐요.

---

「헌법」

제32조 ① 모든 국민은 근로의 권리를 가진다. 국가는 사회적·경제적 방법으로 근로자의 고용의 증진과 적정임금의 보장에 노력하여야 하며, 법률이 정하는 바에 의하여 최저임금제를 시행하여야 한다.

---

그렇다면 대한민국에는 최저임금 규정이 있을까요? 대한민국은 「헌법」 제32조 제1항에서 최저임금을 명시하였고, 1986년에 「최저임금법」이 제정되어 최저임금에 관한 세부 사항을 규정했습니다. 「최저임금법」에서는 최저임금의 효력, 최저임금에 산입되는 임금 항목의 범위, 최저임금 결정 절차 등에 관하여 정하고 있어요. 최저임금 제도는 임금으로 생활하는 사람들의 삶에 최저 수준을 보장하기 위해 만들어졌어요. 구체적으로 매년 임금의 최저 액수를 정하고 그 이상의 임금을 지급하도록 강제함으로써 노동자의 생활 안정을 꾀하려는 제도이지요.

최저임금을 결정하는 건 최저임금위원회입니다. 최저임금위원회에는 노동자를 대표하는 위원 9명, 사용자를 대표하는 위원

58

9명, 공익을 대표하는 위원 9명 및 위원장과 부위원장 등으로 구성되어 있어요. 노동자와 사용자의 의견을 모두 듣고 각자의 사정을 두루 고려하여 최저임금을 정하기 위함입니다. 최저임금위원회는 위원들의 논의를 통해 매년 8월 5일까지 정한 최저임금을 다음 해에 적용하도록 결정합니다.

그렇다면 역대 최저임금이 얼마였는지 볼까요.

**연도별 최저임금**

| 구분 | 시급 | 월급 |
|---|---|---|
| 2024년 | 9,860원<br>(2023년 대비 2.5% 인상) | 2,060,740원 |
| 2023년 | 9,620원<br>(2022년 대비 5.0% 인상) | 2,010,580원 |
| 2022년 | 9,160원 | 1,914,440원 |
| 2021년 | 8,720원 | 1,822,480원 |
| 2020년 | 8,590원 | 1,795,310원 |
| 2019년 | 8,350원 | 1,745,150원 |
| 2018년 | 7,530원 | 1,573,770원 |
| 2017년 | 6,470원 | 1,352,230원 |
| 2016년 | 6,030원 | 1,260,270원 |

2021년 최저임금은 182만 2,480원(월급 기준)이네요. 2021년 소득구간별 분포에서 가장 많은 사람이 모인 구간인 150~250만 원 구간에 최저임금이 속해 있어요. 다시 말해서, 우리나라에서

최저임금 제도는 임금으로 생활하는 사람들의 삶에 최저 수준을 보장하기 위해 만들어졌어요. 노동자의 생활 안정을 꾀하려는 제도이지요.

일하는 사람들 중 최저임금에 가까운 임금을 받는 사람들의 비중이 매우 크다는 것을 알 수 있어요.

최저임금을 구성하는 임금에는 여러 부수적인 임금 항목이 산입되기는 하지만, '기본급'을 전제로 합니다. 한 달 중 정해진 기간을 빠짐없이 모두 일을 했을 때 기본적으로 받을 임금을 기본급이라고 해요. 기본급에는 연장근무를 하거나 야간근무나 휴일근무를 하는 경우 받는 가산수당이 포함되지 않아요(크리스마스이브에 일하는 루돌프 사슴의 야간수당, 휴일수당 이야기 기억하시죠?). 2021년 기준, 한 달에 250만 원 이상을 받는 사람은 각종 수당이 모여 250만 원 이상이 되었을 뿐, 기본급은 최저임금일 가능성도 높습니다. 최저임금이 중요한 이유예요. 최저임금이 정해지면 많은 사업장의 임금, 특히 기본급이 최저임금에 맞춰 조정이 되는데 이걸 두고 최저임금이 아니라 '최고임금'이라는 말도 있어요. 연장근무나 야간근무, 휴일근무 같은 초과근무를 하지 않는 이상 최저임금 이상을 받기 힘든 현실이 있기 때문이죠.

처음 철수가 했던 생각으로 돌아가 볼까요?

내가 한 달에 최저임금을 받는 노동자라면, 그러니까 전체 노동자 중 26% 정도에 속하는 노동자라면, 집을 살 수 있을까요? 차는 살 수 있을까요? 매일 저녁마다 좋아하는 치킨을 시켜 먹을 수 있을까요? 내가 원하는 것들을 다 누리는 삶을 살기 위해서는 어떻게 해야 할까요?

# 3장

## 우리 곁엔 언제나 법이 있다

# 01

## 교복 가격이 어떻게 똑같을 수 있을까?

**열쇠말:** 담합, 교복

**관련 법:** 「독점 규제 및 공정거래에 관한 법률」, 「헌법」

## 교복 가격이 어떻게 똑같을 수 있을까?

이제 중학교 2학년이 된 철수. 작년 한 해 동안 교복만 너무 열심히 입어서인지 도저히 입을 수 없는 교복 바지를 새로 사기 위해 교복집을 돌아다녔습니다. 좀 더 싼 곳을 찾기 위해서입니다. 작년에 네 군데를 돌아다니며 가장 싼 곳을 찾아 교복을 구입한 철수는 이번에도 열심히 돌아다녔어요. 그런데 이게 어떻게 된 일인지, 네 곳 다 가격이 똑같은 게 아니겠어요. 난감한 상황에 어쩔 줄 모르던 철수는 검색 사이트에서 '교복 가격'을 검색해 봤습니다. 그러자 비슷한 신문 기사가 눈에 많이 띄었습니다. 대략 다음과 같은 내용이었습니다.[*]

교육부는 4대 교복 업체의 교복 가격을 긴급히 조사한 결과, 일부 가격이 동일한 지역이 있어 가격 담합이 아니냐는 의혹을 제기했다. 2월 20일 교육부는 전국 46개 지역 중 상당수 지역에서 동복 기준 교복 개별 구매가 동일한 것으로 나타났다고 발표했다. 교육부 관계자는 "교

---

[*] https://news.sbs.co.kr/news/endPage.do?news_id=N1002253683. 2014년 2월 20일자 SBS 뉴스

복 가격에 담합 조짐이 보여 급히 전국 교복 가격 실태 조사를 실시했다. 그 결과 4대 업체 가격이 똑같은 지역이 적지 않았다."며 "공정위에 협의해 주요 브랜드 가격 담합을 할 소지를 줄이는 방안을 강구하겠다."고 말했다.

담합(談合)이 뭘까요? 국립국어원(www.korean.go.kr)에서 발간하는 표준국어대사전에는 그 정의가 이렇게 나와 있습니다.

「명사」
1. 서로 의논하여 합의함.
2. (법률) 경쟁 입찰을 할 때에 입찰 참가자가 서로 의논하여 미리 입찰 가격이나 낙찰자 따위를 정하는 일.

그럼 법률적으로는 어떻게 정의할까요? 법률적으로 담합은 사업자가 협약, 협정, 의결 또는 어떠한 방법으로 다른 사업자와 서로 짜고 물건의 가격이나 생산량 등을 조정하는 방법으로 제3의 업체에 대해 부당하게 경쟁을 제한하거나, 이를 통해 부당한 이익을 챙기는 행위를 말합니다. 즉, 같은 종류의 업체들이 서로 짜고 물건 값이나 생산량 등을 조정해 다른 경쟁 업체를 따돌리거나 부당한 이익을 챙기는 행위입니다.

법률 용어라 많이 어렵지요? 예를 들어 교복 업체들이 서로 짜고 물건의 가격을 동일하게 책정하는데, 특정 업체를 시장에서 퇴출시키기 위해 가격을 '낮게' 결정하거나, 소비자들로부터 부당한 이익을 챙기기 위해 가격을 '높게' 하는 것입니다.

그럼 이런 담합은 합법일까요? 불법일까요? 사업자들이 자기들끼리 모여 가격을 높게 하든, 낮게 하든 그들의 자유가 아닐까요? 물론 그렇게 생각할 수도 있습니다. 하지만 그로 인해 소비자가 피해를 보고 시장 질서가 혼란에 빠진다면 내버려둘 수만은 없겠지요. 때문에 우리나라에서는 이런 담합(짬짜미)을 금지하고 처벌하도록 법으로 명시해 두고 있습니다. 바로「독점 규제 및 공정거래에 관한 법률」입니다. '공정거래법'이라고 짧게 부르기도 합니다.「공정거래법」제40조에는 가격을 결정, 유지 또는 변경하는 행위를 할 것을 합의하는 것을 부당한 공동 행위로 규정하고 있습니다. 사업자들이 이 법을 어겼을 경우에는 공정거래위원회가 시정 명령을 내리고 과징금을 부과할 수 있습니다.

「공정거래법」은 법률의 상위 법인「헌법」에 근거를 둡니다.「헌법」제119조 제2항 "국가는 균형 있는 국민경제의 성장 및 안정과 적정한 소득의 분배를 유지하고, 시장의 지배와 경제력의 남용을 방지하며, 경제주체 간의 조화를 통한 경제의 민주화를 위하여 경제에 관한 규제와 조정을 할 수 있다."와「헌법」제124조 "국가는 건전한 소비 행위를 계도하고 생산품의 품질 향상을 촉구하기 위한 소비자 보호 운동을 법률이 정하는 바에 의하여 보장한다."가 그것입니다. 결국 담합은 「헌법」에 위반되는 행위이지요.

과거 전국 시장 점유율 50%를 상회하는 학생복 회사 3곳이 1998년 협의회를 구성하여 공동으로 정부와 학교 등의 공동구매를 방해하고, 대리점들의 사은품·판촉물 제공을 금지·제한한 일이 있었습니다. 뿐만 아니라 대리점들의 백화점 입점 여부 및 수수료율을 결정하도록 합의하고 이를 점검한 행위를 했습니다. 이에 대해 공정거래위원회는 「공정거래법」을 위반하였다고 하여 시정 명령을 내렸습니다(대법원 2006. 11. 9. 선고 2004두14564호 판결 참조).

이런 담합을 원천적으로 막을 수 있는 좋은 방안은 없을까요?

우리는 수요와 공급이 일치하는 지점에서 시장가격이 형성된다고 배웁니다. 사업자들끼리 경쟁을 통해 가장 합리적인 가격이 형성된다는 것이지요. 하지만 담합에서는 이런 가격 결정 구조가 작동하지 않습니다. 사업자들끼리 경쟁하기보다 경쟁을 피해 서로 짜고 이익을 극대화하는 방향으로 가격이 결정되기 때문입니다. 이처럼 담합을 원천적으로 막기 위해서는 기업의 이윤 극대화 경향을 없애야 하는데 현실적으로 이 방법은 선택하기 어렵습니다. 그래서 차선책으로 강력한 처벌을 택할 수밖에 없지요.

다만, 교복 가격 담합에 대해서는 2014년경 교육부가 '학교 주관 구매 제도'라는 해결책을 제시했습니다. 학교 주관 구매 제도는 학교 주도로 교복 업체들의 평가 및 경쟁을 거쳐 교복 공급 업체를 결정하는 것을 뜻합니다. 아울러 학생과 학부모가 브랜드 업체 제품을 선호하는 이유가 이들 교복의 안감에 해당 브랜드임을 식별할 수 있는 디자인이 들어가 있기 때문이라고 판단해, 같은 학교의 교복이면 안감 역시 디자인을 통일하도록 지침을 내리기로 했습니다.

하지만, 이러한 교육부의 노력에도 불구하고 안타깝지만 지금도 교복 가격 담합은 반복되고 있습니다. 광주지검 반부패·강력수사부는 2023년 4월 24일 언론 브리핑을 열어 "광주 지역 45개 중·고등학교 교복 업체 운영자 31명을 「공정거래법」위반, 입찰방해죄 등의 혐의로 불구속 기소했다."라고 밝혔습니다. 업체 운영자들은 2021년 1학기부터 2023년 초까지 광주에 있는 147개 중·고등학교에서 진행한 교복 구매 입찰 289회(161억 원 규모)에 참여해 32억 원을 부당하게 챙긴 혐의를 받고 있다고 합니다.

정말 가격 담합을 없앨 수 있는 좋은 방법이 없을까요?

## 02
# 스토킹은 범죄다

**열쇠말:** 사랑과 괴롭힘, 거부 의사
**관련 법:** 「스토킹 범죄의 처벌 등에 관한 법률」,
「스토킹 방지 및 피해자 보호 등에 관한 법률」,
「경범죄 처벌법」

봄소풍을 다녀온 철수 누나는 집에 돌아오자마자 무슨 이유인지 자기 방에 들어가서는 나오지 않는다. 저녁 식사도 먹지 않겠다고 한다. 부모님은 걱정이 되지만 묻지는 못하고 전전긍긍이다. 소풍에서 무슨 일이 있었던 걸까?

그러던 중 누나 담임 선생님에게 전화가 왔다. 무언가 심각한 이야기가 오가는 것 같은 분위기. 철수가 대충 엿듣고 파악한 이야기는 이렇다.

누나를 좋아하며 1년 넘게 쫓아다니는 같은 학교 남학생이 있었다. 누나는 "싫다."는 의사를 분명히 표시하였음에도 그 남학생은 계속 만나 달라고 졸랐나 보다. 이 남학생은 누나에게 감동(?)을 선사하려는 목적으로, 소풍날 자기 딴에는 '이벤트'를 하면 누나의 환심을 살 수 있을 거란 생각에 무작정 무언가를 했다.

"□□야 사랑해 - △△△"라는 문구가 적힌 전단지를 수십 장 인쇄하여 소풍 장소인 공원에 붙여 놓고 누나를 기다리고 있었던 것이다. 누나는 어쩔 줄 몰라 소풍 장소에서 도망치듯 나와 집으로 와서는 방문을 닫아 버린 것이다.

그러고 보니 올해부터 누나 생일, 화이트데이, 빼빼로데이 등 각종 기념

일이면 집 앞에 꽃과 선물 등이 놓여 있었다. 도대체 누구일까, 누나가 싫다고 10번도 넘게 이야기했다는데, 계속 이러는 건 뭔가 이상하다. 이게 바로 그 무섭다는 '스토킹' 아닐까?

　남학생은 그저 철수 누나가 좋아서 한 일이라고 하지만, 누나가 수차례 거절의 의사를 표시하였음에도 같은 행동을 반복하는 것은 괴롭힘이고 폭력입니다. 이런 행동은 절대 허용될 수 없습니다. 철수의 생각처럼 이런 행동을 바로 '스토킹(stalking)', 이런 행위를 한 사람을 '스토커(stalker)'라고 부릅니다. 물론 좋아하는 사람에게 한두 번 관심을 표시하는 것을 스토킹이라고 하지는 않습니다. "열 번 찍어 안 넘어가는 사람 없다."는 속담이 있지만, 이 속담은 현대사회에서는 이제 적용될 수 없습니다. 상대가 확실한 거절의 의사를 하였음에도 지속적 또는 반복적으로 따라다니거나 지켜보거나 문자를 보내는 등의 행위는 스토킹 범죄가 됩니다.

　그럼 철수 누나에게 괴로움을 안긴 이 남학생을 처벌할 수 있을까요? 과거에는 이런 스토킹 범죄를 중대하게 보지 않아 별도의 특별법이 없이 「경범죄 처벌법」에서 아주 가벼운 처벌만을 했습니다. 그나마도 2013년 3월 22일에서야 시행이 되었지요. 과거의 처벌 규정은 이렇습니다. 법 자체의 이름이 '경범죄(가벼운 범죄) 처벌법'인 것에서 짐작할 수 있듯이 스토킹 행위에 대한 처벌

72

은 10만 원 이하의 벌금 등으로 처벌 수위가 굉장히 낮았습니다.

---

**「경범죄 처벌법」**

제3조(경범죄의 종류) ① 다음 각호의 어느 하나에 해당하는 사람은 10만 원 이하의 벌금, 구류 또는 과료(科料)의 형으로 처벌한다.

41. (지속적 괴롭힘) 상대방의 명시적 의사에 반하여 지속적으로 접근을 시도하여 면회 또는 교제를 요구하거나 지켜보기, 따라다니기, 잠복하여 기다리기 등의 행위를 반복하여 하는 사람

---

그러나 사회적으로 스토킹에 의한 흉악한 범죄가 기승을 부리고 많은 피해 사례가 알려지면서 우리나라도 2021년 10월 21일 비로소 「스토킹 범죄의 처벌 등에 관한 법률」('스토킹 처벌법')을 시행하게 되었습니다. 이 법에서는 스토킹 범죄를 이렇게 정의합니다.

---

**「스토킹 범죄의 처벌 등에 관한 법률」('스토킹 처벌법')**

제2조(정의) 이 법에서 사용하는 용어의 뜻은 다음과 같다. 〈개정 2023. 7. 11.〉

1. "스토킹 행위"란 상대방의 의사에 반(反)하여 정당한 이유 없이 다음 각 목의 어느 하나에 해당하는 행위를 하여 상대방에게 불안감 또는 공포심을 일으키는 것을 말한다.

　가. 상대방 또는 그의 동거인, 가족(이하 "상대방 등"이라 한다)에게 접근하

---

거나 따라다니거나 진로를 막아서는 행위

나. 상대방 등의 주거, 직장, 학교, 그 밖에 일상적으로 생활하는 장소(이하 "주거 등"이라 한다) 또는 그 부근에서 기다리거나 지켜보는 행위

다. 상대방 등에게 우편·전화·팩스 또는 「정보통신망 이용촉진 및 정보보호 등에 관한 법률」 제2조 제1항 제1호의 정보통신망(이하 "정보통신망"이라 한다)을 이용하여 물건이나 글·말·부호·음향·그림·영상·화상(이하 "물건 등"이라 한다)을 도달하게 하거나 정보통신망을 이용하는 프로그램 또는 전화의 기능에 의하여 글·말·부호·음향·그림·영상·화상이 상대방 등에게 나타나게 하는 행위

라. 상대방 등에게 직접 또는 제3자를 통하여 물건 등을 도달하게 하거나 주거 등 또는 그 부근에 물건 등을 두는 행위

마. 상대방 등의 주거 등 또는 그 부근에 놓여져 있는 물건 등을 훼손하는 행위

바. 다음의 어느 하나에 해당하는 상대방 등의 정보를 정보통신망을 이용하여 제3자에게 제공하거나 배포 또는 게시하는 행위

  1) 「개인정보 보호법」 제2조 제1호의 개인정보

  2) 「위치정보의 보호 및 이용 등에 관한 법률」 제2조 제2호의 개인위치정보

  3) 1) 또는 2)의 정보를 편집·합성 또는 가공한 정보(해당 정보주체를 식별할 수 있는 경우로 한정한다)

사. 정보통신망을 통하여 상대방 등의 이름, 명칭, 사진, 영상 또는 신분에 관한 정보를 이용하여 자신이 상대방 등인 것처럼 가장하는 행위

2. "스토킹 범죄"란 지속적 또는 반복적으로 스토킹 행위를 하는 것을 말한다.

3. "피해자"란 스토킹 범죄로 직접적인 피해를 입은 사람을 말한다.

4. "피해자 등"이란 피해자 및 스토킹 행위의 상대방을 말한다.

앞서 살펴본 남학생의 경우 "누나 생일, 화이트데이, 빼빼로데이 등등 각종 기념일에 집 앞에 꽃과 선물 등을 놓고 간 행위"는 제1호 "라. 상대방 등에게 직접 또는 제3자를 통하여 물건 등을 도달하게 하거나 주거 등 또는 그 부근에 물건 등을 두는 행위"에 해당합니다. 소풍 장소인 공원 사방에 전단지 수십 장을 인쇄하여 붙여 놓고 누나를 기다리고 있었던 것은 "가. 상대방 또는 그의 동거인, 가족(이하 "상대방 등"이라 한다)에게 접근하거나 따라다니거나 진로를 막아서는 행위"에 해당하겠네요. 그리고 이러한 스토킹 행위가 지속적이고 반복적으로 이루어졌으니 남학생의 행위는 단순한 스토킹 행위가 아니라 '스토킹 범죄'에 해당합니다!(「스토킹 처벌법」제2조 제2호)

스토킹 범죄는 3년 이하의 징역 또는 3천만 원 이하의 벌금에 처하도록 하고 있습니다. 만약에 흉기나 위험한 물건을 소지했다면 5년 이하의 징역 또는 5천만 원 이하의 벌금으로 가중 처벌됩니다. 그렇다면 범죄자를 처벌하는 방법 말고 피해자를 보호하는 방법은 없을까요?

「스토킹 처벌법」은 "1. 피해자에 대한 스토킹 범죄 중단에 관한 서면 경고, 2. 피해자나 그 주거 등으로부터 100미터 이내의 접근 금지, 3. 피해자에 대한 「전기통신기본법」 제2조 제1호의 전기 통신을 이용한 접근 금지, 3의 2. 「전자장치 부착 등에 관한 법률」 제2조 제4호의 위치추적 전자장치(이하 "전자장치"라 한다)

의 부착, 4. 국가 경찰관서의 유치장 또는 구치소에의 유치" 같은 잠정 조치를 규정합니다. 하지만 이것만으로 충분하다고 보기 어렵습니다. 그래서 「스토킹 방지 및 피해자 보호 등에 관한 법률」('스토킹 방지법')이 2023년 1월 17일 제정되었지요.

「스토킹 방지법」에는 국가, 지방자치단체, 학교 등에 스토킹 예방교육 의무를 부과하고, 피해자가 스토킹으로 전학 등을 해야 하는 경우 지원하도록 합니다. 그 외에도 지원 시설을 통해 다음과 같은 업무를 하도록 하고 있습니다(「스토킹 방지법」 제9조).

---

**「스토킹 방지 및 피해자 보호 등에 관한 법률」('스토킹 방지법')**

제9조(지원시설의 업무) 지원시설은 다음 각호의 업무를 수행한다.

1. 스토킹 신고 접수와 이에 관한 상담

2. 피해자 등의 신체적·정신적 안정과 일상생활 복귀 지원

3. 피해자 등의 보호와 임시 거소의 제공 및 숙식 제공

4. 직업 훈련 및 취업 정보의 제공

5. 피해자 등의 질병 치료와 건강관리를 위하여 의료기관에 인도하는 등의 의료 지원

6. 스토킹 행위자에 대한 고소와 피해배상 청구 등 사법 처리 절차에 관하여 「법률구조법」 제8조에 따른 대한법률구조공단 등 관계 기관에 대한 협조 및 지원 요청

7. 수사·재판 과정에 필요한 지원

8. 스토킹의 예방·방지를 위한 홍보 및 교육

9. 스토킹과 스토킹 피해에 관한 조사·연구

10. 다른 법률에 따라 지원 시설에 위탁된 업무

11. 그 밖에 피해자 등을 보호·지원하기 위하여 대통령령으로 정하는 업무

그리고 경찰관은 스토킹 신고를 받은 경우 즉시 출동하도록 하고 있습니다.

참고로 미국은 이미 1990년 캘리포니아주를 시작으로 대다수의 주 형법에서 '스토킹 처벌 법규'를 도입하였고, 영국에서는 1997년 '괴롭힘 방지법', 일본에서는 2000년 '스토커 행위 등의 규제 등에 관한 법률'이 각각 제정되어 시행 중입니다. 이에 비해 우리는 20년 이상 뒤처진 셈이지요.

그렇다면 스토킹 범죄에 대한 처벌과 피해자 보호는 지금 이대로 충분할까요? 여러분의 생각은 어떠신가요?

# 03

## 촬영한 적이 없는데
## 내가 텔레비전에
## 나온다면?

**열쇠말:** 언론 보도의 초상권 침해와 피해 보상, 언론중재위원회

**관련 법:** 「언론 중재 및 피해 구제 등에 관한 법률」

일요일 아침 10시.

침대에서 뒹굴뒹굴하며 여유를 만끽하고 있는 철수에게 친구로부터 전화가 왔다.

"철수야! 큰일 났어. 너 방송에 나왔어."

인터넷을 통해 확인해 보니, '우리 사회 4대 사회 악'(?) 중 하나인 불량식품 관련 뉴스 보도에 철수가 학교 앞 친구들과 함께 정체불명의 과자를 먹으며 나오는 장면이 보도된 것이다. 심지어 철수의 얼굴과 그 과자가 클로즈업된 채로.

그러고 보니 지난주 학교 앞에서 방송국 차량과 카메라를 본 적이 있는 것 같다. 그렇다고 취재에 응했던 기억은 없다.

'내 허락도 없이 왜 내 얼굴이 그런 보도에 나온단 말이야?'

여유로운 일요일 아침, 철수는 갑자기 마음속에 분노가 인다.


철수는 어떤 권리를 침해당한 걸까요? 사람에게는 초상권이라는 게 있습니다. 사람이 자신의 초상, 즉 얼굴을 포함한 신체적 특징에 대하여 갖는 인격적, 재산적 이익입니다. 사람이 자기의 얼굴이나 본인임을 식별할 수 있는 신체적 특징에 관하여 함부로 촬영되거나 공표되지 않고 광고 등에 영리적으로 이용되지 아니할 권리입니다.

그럼 당사자의 허락도 없이 언론 보도에 그 사람을 내보낸 것은 권리 침해이지 않을까요? 텔레비전 뉴스 등 언론 보도에서 본인의 동의 없이 본인임을 알 수 있는 사진 등이 게재되거나 방송될 경우 초상권 침해가 발생할 수 있습니다. 또한 본인의 동의를 얻어 초상이 공표되었더라도 동의의 범위를 벗어난 경우나, 본인이 공표한 초상이라도 본인의 공표 의도와 다른 목적으로 이용되는 경우에는 초상권 침해가 성립합니다.

### 초상권 침해 사례

사례 1: 모 인터넷 신문이 영화 홍보를 위해 한국에 방문한 해외 스타와 함께 사진을 찍고 있는 사람의 모습을 동의 없이 촬영해 보도한 것을 초상권 침해로 인정한 사례 (언론중재위원회 2013서울조정592호 사건)

사례 2: 우리 사회 평범한 중년의 삶을 다룬 다큐멘터리 프로그램에서 술을 마시며 대화를 나누는 모습을 동의 없이 클로즈업 숏으로 촬영해 방송한 것을 초상권 침해로 인정한 사례 (서울남부지방법원 2012. 2. 7. 선고 2011가단43086호 판결)

그러나 본인의 동의가 없다고 해도 모든 경우에 초상권 침해가 인정되는 것은 아닙니다. 시위 현장 취재 등 공익성이 있는 보도에서 의도하지 않게 초상권이 침해된 경우에는 언론사의 책임을 묻지 않습니다. '광우병 촛불집회' 등 시위 현장에 참여한 자신의 모습을 동의 없이 신문에 게재한 신문사를 상대로 초상권 침해를 주장한 일이 있지만 이에 대해 법원에서 인정하지 않은 사례들이 있습니다(서울중앙지방법원 2010. 11. 25. 선고 2009가단300209호 판결, 서울중앙지방법원 2010. 1. 27. 선고 2009가합81994호 판결 참조).

그럼, 철수의 경우는 어떨까요? 불량식품 관련 보도가 공익성이 있는 것이기는 하지만, 시위 현장과는 달리 장소를 봤을 때 미리 철수의 동의를 얻어 촬영하고 보도할 수 있는 가능성이 충분했다고 보입니다. 따라서 동의 과정 없이 이루어진 언론 보도는 철수의 초상권을 침해한 것으로 판단됩니다.

이제 철수는 자신의 피해를 보상받기 위해 어떤 법적 절차를 취할 수 있을까요?

「언론 중재 및 피해 구제 등에 관한 법률」 제30조는 "언론 등의 고의 또는 과실로 인한 위법 행위로 인하여 재산상 손해를 입거나 인격권 침해, 그 밖에 정신적 고통을 받은 자는 그 손해에 대한 배상을 언론사 등에 청구할 수 있다."고 규정하고 있습니다. 따라서 철수의 경우 초상권 침해로 인해 정신적 손해에 대한 위자

사람에게는 초상권이라는 게 있습니다. 사람이 자신의 초상, 즉 얼굴을
포함한 신체적 특징에 대하여 갖는 인격적, 재산적 이익입니다.

료를 청구하는 것이 가능합니다.

위자료 청구라고 하면 법원에 소송을 제기하는 것을 생각할 수 있지요. 물론 가능합니다. 그런데 보통 재판은 짧게는 몇 개월에서 길게는 몇 년까지, 시간과 경제적 비용이 소요되는 일이므로 쉽게 선택하기 어렵습니다. 그래서 언론 보도로 인한 피해 구제 등을 위해 국가에서는 언론중재위원회를 설치해서 운영하고 있습니다.

언론중재위원회는 「언론 중재 및 피해 구제 등에 관한 법률」에 의하여 언론 보도로 인한 분쟁을 조정·중재하고, 보도에 의한 법익 침해 사항을 심의하기 위해 설립된 준사법적 기관입니다. 철수는 언론중재위원회에 정정보도를 청구하거나 손해배상과 관련하여 조정 또는 중재를 신청할 수 있습니다. 다만, 보도가 있음을 안 날로부터 3개월 이내, 보도가 있은 후 6개월 이내에 신청해야 합니다.

참고로 법조문을 읽다 보면 "안 날로부터 ~개월, 있은 날로부터 ~개월"이라는 표현이 많이 나옵니다. 이것은 둘 중의 하나라도 지나면 권리 행사를 못한다는 규정입니다. 예를 들어 보도가 있음을 최근에 알게 되었는데(보도가 있음을 안 날로부터 3개월은 안 되었음) 이미 그 보도가 있은 지 6개월이 지났다면 권리 행사를 할 수 없게 됩니다. 반대로 보도가 있은 지 1개월이 지난 시점에 내가 알게 되었지만 3개월간 아무런 권리 행사를 하지 않았다면 아직 보도가 있은 지 6개월이 지나지 않았다 하더라도 권리 행사는 불가능해지는 것이지요. 이렇게 일정 기간 내에 권리 행사를 하지 않는 경우 권리 행사가 불가능해지게 하는 기간을 '제척 기간'이라고 합니다.

그리고 준사법적 기관 또는 준사법기관이란 사법부(법원)가 아닌 행정부에 속하지만 법원과 비슷한 기능(판정, 분쟁 해결 등)을 하는 독립 행정기관을 말합니다.

## 04

# 개인정보는
# 우리 모두의 것이라고?

**열쇠말**: 개인정보, 집단 소송, 비재산적 손해, 위자료
**관련 법**: 「개인정보 보호법」

## 개인정보는 우리 모두의 것이라고?

가정통신문

1. …

2. 방학 기간 중에 이사를 하셔서 학생의 주소가 바뀌었다면 주민등록초본을 발급받아 제출해 주시기 바랍니다.

새학기가 된 탓인지 철수는 전에는 전혀 관심 없던 가정통신문을 꼼꼼히 읽어 보았습니다. 그런데 방학 기간 중에 이사를 했던 철수는 주민등록초본을 학교에 제출해야 한다는 2번 항목을 보며, "뭐, 학교에서 이런 걸 다 제출하라고 하는지 모르겠네." 하며 투덜거립니다. 뭔가 귀찮은 듯해서 튀어나온 불평이지만, 갑자기 지난번 엄마 아빠랑 텔레비전 뉴스를 보던 일이 떠올랐습니다.

카드사 고객 개인정보 유출 사건! 철수는 문득 학교에 보관하고 있는 개인정보가 유출되면 어떻게 되지 하는 걱정이 듭니다. 엄마에게 가정통신문을 드리며 이런 걱정을 이야기하니 엄마는 이렇게 말합니다.

"쓸데없는 걱정 하지 말고 공부나 해라."

카드사뿐만 아니라 어느 통신사, 어떤 쇼핑몰의 고객들의 개인정보가 유출되는 일은 적지 않게 일어나고 있지요. 너무 자주 이런 일들이 발생하다 보니, 매우 심각한 문제인데도 사람들은 점점 이 문제에 무뎌지는 경향이 있는 것 같습니다. '나의 개인정보는 모두의 것'이라는 웃지 못할 우스갯소리가 나오기도 합니다.

"3,000만 원 대출 가능합니다. 신용불량자도 대출 가능."

이런 문자메세지를 받아 본 적이 있나요? 창원지방검찰청에서 이런 문자를 대량으로 발송한 업체를 수사하던 중 불법 광고 업체가 어마어마한 양의 카드회사 고객 정보를 가지고 있는 것을 발견한 일이 있었습니다. 수사 결과 우리나라에서 둘째가라면 서럽다고 하는 굴지의 카드회사 세 곳에서 보관하고 있는 고객 정보가 유출되었음이 확인되었습니다.

---

**카드회사 고객 정보 유출 관련 현재 검찰에서 중간 수사 결과 확인된 사항**
(2014년 1월 8일자 보도자료 - 창원지방검찰청)

1) KCB는 19개 은행, 신용카드사, 보험사 등 금융회사의 공동출자로 설립되어 개인의 거래 정보를 수집, 가공하여 금융회사에 리스크 관리 서비스를 제공하는 회사로서 은행, 카드사 들의 전산 프로그램을 개발하고 있음.

2) 2012년 5월경부터 2013년 12월경까지 카드회사들에 파견되어 FDS프로젝트 관련 프로그램 개발 용역 작업 수행을 위하여 각 회사 전산망에 접근하였음.
3) USB에 고객정보를 복사하여 몰래 가져가는 수법으로 불법 수집.

이와 같은 사실을 알게 된 고객들은 카드회사를 상대로 '손해배상 소송'을 진행하게 되었습니다. 그렇다면 '손해배상 소송'은 무엇을 근거로 할까요?

검찰 수사 결과 유출된 개인정보는 일단 외부로의 유출은 차단된 것으로 추정됩니다. 또한 유출된 개인정보를 통해 아직 2차적인 피해가 발생하였다는 보고는 없고, 카드회사도 2차적인 피해가 발생할 경우에는 전액 보상하겠다고 합니다. 그렇다면 2차 피해가 없으니 카드회사는 아무런 책임을 지지 않아도 될까요? 그렇지 않습니다. 「개인정보 보호법」 제39조 제1항은 "정보주체는 개인정보처리자가 이 법을 위반한 행위로 손해를 입으면 개인정보처리자에게 손해배상을 청구할 수 있다."고 정하고 있기 때문입니다. 여기서 정보주체는 개인정보의 주체인 카드사 고객을 말하고, 개인정보처리자란 카드회사를 말합니다.

이번에 카드회사를 상대로 제기하는 '손해배상 소송'은 개인정보 유출로 곧바로 재산상 피해가 발생한 것은 아니지만, 개인정보 유출 자체로 인해 엄청난 정신적 충격을 받았으므로 위자료를 지급해 달라고 하는 소송입니다. 위자료는 비재산적 손해에 대한 손해배상 청구입니다. 정신적 고통은 재산적 손해가 아니기 때문이죠. 하지만 손해배상을 청구할 때에는 비재산적 손해인 정신적 고통을 돈으로 환산해 청구해야 하는 모순이 있답니다.

이전에도 카드사 개인정보 유출과 비슷한 일이 있었습니다. 주유 관련 보너스 카드의 정보가 유출되었는데, 그때 제기한 소송에서 대법원은 개인정보를 처리하는 자가 그 정보주체에게 위자료를 배상할 만한 정신적 손해가 발생하였는지 여부에 대해 아래와 같은 5가지 판단 기준을 제시하였습니다.

---

1) 유출된 개인정보의 종류와 성격이 무엇인지

2) 개인정보 유출로 정보주체를 식별할 가능성이 발생하였는지

3) 제3자가 유출된 개인정보를 열람하였는지 또는 제3자의 열람 여부가 밝혀지지 않았다면 제3자의 열람 가능성이 있었거나 앞으로 열람 가능성이 있는지

4) 개인정보를 처리하는 자가 개인정보를 관리해 온 실태와 개인정보가 유출된 구체적인 경위는 어떠한지

5) 개인정보 유출로 인한 피해 발생 및 확산을 방지하기 위하여 어떠한 조치가 취하여졌는지

(대법원 2012. 12. 26. 선고 2011다59834, 59858, 59841호 판결)

---

이런 기준에 따라 살펴보면 아래와 같은 사실을 근거로 카드 회사의 손해배상 책임이 인정될 수 있겠습니다.

1) 유출된 개인정보가 카드번호뿐만 아니라 주민등록번호, 자택 주소, 직장 주소, 결제 계좌, 결제일 등 광범위하여 위 정보로 정보주체를 식별할 가능성이 농후한 사실
2) 외부 유출은 일단 차단된 것으로 추정된다고 하나, 불법 수집 이후 적발될 때까지 6개월에서 1년 정도 소요되었으므로 적발될 때까지도 제3자의 열람 가능성을 배제할 수 없는 점
3) 카드회사가 불법 수집 사실을 검찰 발표 시점인 2014년 1월 8일까지 전혀 인지하지 못한 점

참고로 대법원은 개인정보 유출 피해자들이 카드회사 등을 상대로 낸 손해배상 청구 소송에서 1인당 10만 원씩 배상하라는 판결을 2019년 확정했습니다.

05

# 여행 당일 여행사가 예약을 취소한다면?

**열쇠말:** 한국소비자원, 여행사

**관련 법:** '한국소비자원 분쟁 해결 기준'

철수네 가족은 이번 여름휴가 때 어디로 갈지 고민하다가 제주도로 가기로 결정하였습니다. 철수는 태어나서 처음으로 비행기를 타는 것이라 너무 신이 나서 여름휴가일만을 매일매일 손꼽아 기다렸습니다. D-50, 49, 48…10, 9…1.

철수 아버지는 인터넷을 통해 비행기, 자동차 렌트, 호텔 숙박을 함께 예약할 수 있는 ○○여행사 홈페이지를 발견하고, 이 여행사 홈페이지를 통해 에어카텔(비행기, 자동차 렌트, 호텔 숙박) 서비스를 예약했습니다. 그리고 일찍 결제하면 할인해 준다고 해서 비용 200만 원 전부를 미리 완납했습니다.

출발 당일 공항으로 향하는 차 안은 이미 흥분의 도가니였습니다. 철수는 비행기를 타고 이륙하는 것이 어떤 느낌일까? 눈을 감고 그 순간의 벅찬 감동을 생각하고 있었습니다. 바로 이 순간, 철수 아버지에게 전화 한 통이 걸려 왔습니다. 전화를 받는 아버지의 얼굴은 어두워졌고, 목소리는 점점 높아졌습니다. 결국 이 전화 한 통으로 인해 철수네 가족의 제주도 여행의 꿈은 산산조각이 나 버렸습니다. 첫 비행기 탑승이라는 철수의 꿈도 함께.

철수 아버지가 받은 전화의 통화 내용은 이렇습니다.

"여기 ○○여행사입니다. 먼저 죄송하다는 말씀을 드립니다. 저희 여행사의 사정으로 불가피하게 고객님의 예약 건을 처리하기가 어렵게 되었습니다."

정말 어이없는 이런 상황 앞에 철수네 가족은 이 여행사를 상대로 어떤 요구를 할 수 있을까요? 이런 문제를 해결하려면 어떤 기관을 찾아가야 할까요? 경찰서에 가야 할까요?

소비자들이 생활에서 겪는 소소한 문제들을 해결할 수 있도록 도와주는 기관이 있습니다. 바로 '한국소비자원'*이라는 곳입니다. 철수네 가족이 한국소비자원 홈페이지 또는 전화로 접수하기만 하면, 이제부턴 한국소비자원에서 상담 및 피해 구제 노력을 합니다. 물론 모든 문제가 해결되는 것은 아니지만 법원 소송을 하지 않고도 많은 도움을 받을 수 있습니다.

그렇다면 한국소비자원을 통해 어떻게 문제가 해결될 수 있을까요? 철수네 가족은 이미 지급한 여행 비용 200만 원을 돌려받을 수 있겠죠? 그리고 200만 원만 돌려받으면 괜찮은 걸까요? 철수의 첫 비행기 탑승의 꿈을 산산조각 낸 여행사에 손해배상

---

\* 홈페이지: www.kca.go.kr, 대표 전화: 1372

은 추가적으로 얼마나 받을 수 있을까요?

당연히 여행 비용 전부를 돌려받을 수 있습니다. 이때 여행 비용을 돌려받는 것은 손해배상이 아니라 계약이 파기됨에 따라 당연히 돌려받는 돈입니다. 그렇다면 여행사에 추가적으로 얼마를 손해배상으로 요구할 수 있을까. 가족의 휴가를 망치고 마음에 상처를 준 것을 생각하면 1억 원을 받아도 시원치 않을 거 같지만, 그래도 기준은 있어야겠지요. 한국소비자원에서는 이런 비슷한 사례를 많이 처리하기에 분쟁 해결의 기준을 마련해 두었습니다.

| 국내 여행 (1 - 4)* | |
|---|---|
| 분쟁 유형 | 해결 기준 |
| 1) 여행 취소로 인한 피해<br>- 여행사의 귀책사유로 여행사가 취소하는 경우 | 국내 여행 표준 약관과 동일하게 규정함 |
| 여행 당일 통보 및 통보가 없는 경우 | 계약금 환급 및 요금의 30% 배상 |

위 표에서 보는 바와 같이 철수네 가족처럼 여행 당일 여행사에서 일방적으로 계약 취소를 통보한 경우 여행 비용의 30%인 60만 원을 추가적으로 배상받을 수 있습니다. 너무 적죠? 그래

---

* 여행업을 포함한 63개 업종별 소비자 분쟁 기준은 다음 사이트에서 확인하실 수 있습니다. https://www.kca.go.kr/odr/cm/in/rsltnCrtral.do

10대와 통하는 **생활 속 법률 문해력**

서 여행사 선정 시 비용이 싼 곳만을 기준으로 삼을 게 아니라 신뢰도가 높은 곳을 선택해야 합니다.

만약 한국소비자원을 통한 해결이 어렵다면, 민사 소송을 진행해서 해결할 수 있습니다. 다만, 반드시 분쟁 해결 기준대로 판결이 나는 것은 아닙니다. 분쟁 해결 기준은 행정기관인 한국소비자원에서 '권고'하는 기준이고 행정부와 독립된 사법부인 법원은 행정부의 권고에 구속되지 않고 독자적으로 판단할 수 있기 때문입니다. 현실적으로 분쟁 해결 기준이 판결 시에도 중요한 참고가 될 수는 있을 것입니다.

# 4장

# 무심한 차별과
# 인간의 기본권

# 01

# 당신은
# 고려인 3세입니까,
# 4세입니까?

**열쇠말:** 고려인, 재외동포
**관련 법:** 「재외동포기본법」,
「재외동포의 출입국과 법적 지위에 관한 법률」,
「재외동포의 출입국과 법적 지위에 관한 법률 시행령」,
「출입국관리법」

## 당신은 고려인 3세입니까, 4세입니까?

〈아리랑〉노래를 아시지요? '아리랑, 아리랑, 아라리요 / 아리 아리랑 쓰리쓰리랑 / 손잡고 가보자, 함께 가보자.' 〈아리랑〉은 지역마다, 부르는 사람마다 그 내용과 멜로디가 조금씩 달라집 니다. 그렇다면 〈고려 아리랑〉도 들어 보셨나요?

(1절)

원동 땅 불술기에 실려서

카작스탄 중아시아 러시아

뿔뿔이 흩어져 살아가도

우리는 한가족 고려 사람

아리랑 아리랑 아라리요

아리랑 아리랑 고려 아리랑

(2절)

진펄도 갈밭도 소금밭도

땀 흘려 일구니 푸른 옥토

모진 고난 이기고 일어서니

우리는 한민족 고려 사람

아리랑 아리랑 아라리요

아리랑 아리랑 고려 아리랑


(3절)

아버님 남기신 선조의 얼

어머님 물려준 조상의 말

가꾸고 다듬고 지키리라

우리는 한겨레 고려 사람

아리랑 아리랑 아라리요

아리랑 아리랑 고려 아리랑


고려라면 조선보다도 이른 때 있었던 나라인데 그때 부르던 노래가 아직도 불리고 있는 걸까요? 대체 〈고려 아리랑〉은 뭐고 고려 사람은 누구일까요?

고려 사람, 그러니까 고려인은 일제강점기 때 연해주 등지에 살다가 소련에 의해 강제로 중앙아시아로 이주당한 우리 선조와 그 후손들을 일컫는 말입니다. 척박하고 열악한 생활 속에 간신히 자리를 잡았지만 소련이 붕괴되면서 중앙아시아 민족주의 때문에 고려인은 또다시 유랑 생활을 해야 했습니다. 거의

100여 년 가까이 강제로 정착지에서 내몰려 떠돌아다니고 있는 셈이지요.

경기도 안산시 선부동을 비롯해 전국에 흩어져 있는 고려인은 대략 4~5만 명으로 파악됩니다. 그중 1만 명 넘는 사람이 안산에 살고 있고, 안산 선부동 땟골에만 6,000~7,000명이 살고 있다고 합니다. 과거에는 같은 고려인이라도 3세냐 4세냐, 그러니까 할아버지 또는 할머니가 고려인인 경우와 증조할아버지 또는 증조할머니가 고려인인 경우 차별이 있었습니다. 어떤 차별이었을까요? 예를 들어 보겠습니다.

철수: 이제 얼마 안 있으면 수능이네. 빨리 끝났으면 좋겠다.

서율리아: 그러게. 지긋지긋하다. 마리아, 넌 수능 끝나고 뭐 할 거야?

최마리아: 난 수능이 안 끝나면 좋겠어.

서율리아: 뭐? 얘 왜 이러니? 그럼 평생 고3으로 살고 싶다는 거야?

최마리아: 그래. 차라리 그게 나을 거 같아.

철수: 갑자기 진지 모드라 당황스럽네. 평소 너답지 않게 왜 이래?

최마리아: 지난 추석 연휴 때 TV에서 봤는데 내가 고려인 4세라서 만 19세가 되면 한국에 있을 수가 없대. 수능 끝나면 19세 되잖아. 그래서… 내 형편에 대학에 가기도 어렵고.

서율리아, 철수: 그게 무슨 말이야?

이 이야기는 실제 사례를 조금 각색한 것입니다. 이야기 속 서율리아는 고려인 3세였고, 최마리아는 4세였습니다. 개정 전 「재외동포법 시행령」은 고려인 3세까지만 재외동포로 보고, 4세는 재외동포로 보지 않았습니다. 그래서 재외동포가 아닌 고려인 4세는 재외동포 비자(F-4)를 받을 수 없었습니다. 재외동포 비자를 받지 못하면 방문동거 비자(F-1)를 받게 되는데 이 비자는 만 19세가 넘으면 주지 않습니다. 한국을 떠나야 하는 것이지요. 한국에 계속 남아 있으려면 대학에 진학해 유학 비자(D-2, 4)를 받아야만 합니다. 하지만 고려인 대부분은 대학에 진학할 형편이 안 되지요. 그래서 최마리아가 저런 말을 하게 된 거예요. 불공평하지 않나요?

2018년경 언론을 통해 이렇듯 안타까운 사연이 많이 알려지면서 고려인의 체류 자격에 대한 사회적 관심이 확대되었고, 그 결과 2019년 7월 2일 「재외동포의 출입국과 법적 지위에 관한 법률 시행령」('재외동포법 시행령')이 개정되었습니다. 현행 「재외동포법 시행령」은 3세이든, 4세이든 고려인의 직계비속이기만 하면 외국국적 동포로 인정해 주고 있습니다. 적어도 서율리아와 최마리아를 차별하지는 않게 된 것이지요.

하지만 「재외동포법 시행령」 개정에도 불구하고 현실에서는 서율리아와 최마리아 사이 차별은 계속되고 있습니다. 같은 고려인이라도 여전히 러시아를 제외한 우즈베키스탄이나 카자흐스

102

탄, 키르기스스탄 같은 나라 출신이라면 F-4(재외동포비자)를 받지 못하는 경우가 많기 때문이지요. 또한 체류 자격을 제외한 다른 문제, 예를 들면 취업이나 양육(보육) 지원, 한국어 교육 등에 있어서는 이렇다 할 도움을 받고 있지 못하기도 합니다.

고려인들은 한국말을 거의 하지 못하고 러시아어를 주로 씁니다(강제 이주당한 후에 한국말을 못 쓰게 했고, 중앙아시아에 한국말을 쓰는 문화도 없으니 어쩌면 당연한 결과입니다). 그래서 한국에서 취업을 하기가 매우 어렵죠. 간신히 취업을 하는 경우에도 정규직이 되기는 더 어렵고요. 대부분 1주일에 7일, 하루 10시간씩 중노동에 시달리고 있습니다. 한국 국적을 따거나 영주권을 따려면 적어도 1년에 4,000만 원이 넘는 수입이 있어야 하기 때문에 고려인 중 영주권을 취득하는 비율은 0.1%도 되지 않습니다. 중국 동포인 조선족의 영주권 취득 비율의 수십 분의 1밖에 안 되지요.

이런 어려움에 더해 막상 고려인 동포를 지원하려 해도 지원체계가 매우 복잡하다는 문제가 있습니다. 체류 자격은 「출입국관리법」을 집행하는 출입국관리사무소(법무부 소속)에서 관리하고 있고, 취업 문제는 고용노동부에서 관리하고 있으며, 건강보험은 보건복지부에서 담당하기 때문이지요. 그밖에 구체적인 생활 지원은 동사무소에서 담당하는데 고려인들은 국적상 외국인 가정이기 때문에 한국인을 가족 구성원으로 하는 다문화 가정에 포함되지 않습니다. 따라서 다문화 가정과 비슷한 혜택과 지원을 주고 싶어도 그럴 수 없습니다. 지방자치단체는 법적 근거가 없기 때문에 조례를 통해 지원하고자 하지만 많은 한계를 겪고 있지요.

새로운 부처, 예컨대 '동포청'이나 '이민국'을 두자는 의견도 있습니다. 상당히 설득력이 있는 것 같아요. 「재외동포법」이나 「출입국관리법」이 만들어진 지 한참이나 되었지만 법률이 현실을 못 따라오고 있기 때문에 대대적인 정비가 필요합니다. 다행스럽게도 「재외동포기본법」(2023. 5. 9.)이 제정됨에 따라 「재외동포청 직제」(2023. 6. 5.)라는 대통령령이 시행되어 재외동포청이 만들어졌습니다. 늦은 감은 있지만 앞으로 고려인 동포 등 재외동포의 권익 신장에 도움이 되면 좋겠습니다.

고려인이 누구인지, 고려인이 어떤 어려움을 겪고 있는지 말씀드렸는데요. 책을 읽고 아는 데서 그치지 말고 용기 내어 주변의 고려인을 찾아보면 어떨까요? 말이 안 통해도 좋습니다. 그냥 손을 내밀어 주세요. 따뜻한 미소를 지어 주세요. 그것만으로도 고려인들은 한국에 오길 잘했다고 여길 겁니다. 그렇게 조금씩 노력하다 보면 우리 모두 조금 더 행복해지지 않을까요?

고려인 문제에 더 관심이 있는 친구들은 고려인 지원센터 사단법인 '너머'(http://www.jamir.or.kr/main/main.php)를 방문해 보세요.

# 02

# 미등록*체류 외국인 아동은 학교에 다닐 수 없을까?

**열쇠말:** 이주 아동의 교육권, 불법 체류자, 난민

**관련 법:** 「난민법」, 「출입국관리법」

* 불법 체류자라는 말을 쓰지만 '불법'이란 단어는 용어 자체에서 사회적 비난 대상이라는 인식을 주는 만큼 중립적인 표현으로 '미등록'이란 단어가 좋겠습니다. 특히 체류 자격을 얻지 못한 데 대해 본인에게 아무런 책임이 없는 청소년에게는 더욱 '불법'이라는 용어보다 '미등록'이라는 용어를 사용하는 게 맞다고 생각합니다.

## 미등록 체류 외국인 아동은 학교에 다닐 수 없을까?

방글이는 가을초등학교 3학년입니다. 제3세계 국가에서 태어났고, 방글이의 아버지는 야당 당원으로 정치활동을 하다가 여당으로부터 생명의 위협을 받아 지인들의 도움으로 가족을 데리고 대한민국으로 오게 되었습니다. 방글이 가족은 올해 출입국관리사무소에 난민 인정 신청을 하였다가 불인정 결정을 받았습니다. 지금은 법무법인의 도움을 받아 법원에 난민 불인정 결정을 취소해 달라는 행정소송을 제기하고 기타(G-1) 자격으로 체류하고 있습니다.

체류 자격(비자)은 체류 목적에 따라 결혼이주(F-6), 비전문취업(E-9), 유학(D-2), 어학연수(D-4), 단기 방문(C-3) 등 다양하게 나뉘는데, 기타(G-1) 체류 자격은 앞서 말한 체류 자격에는 포함되지 않지만, 난민 신청을 한 사람이나, 각종 소송 등이 한국에서 진행 중인 사람, 한국에 체류해야 할 인도적 배려가 필요한 사람들에게 부여되는 체류 자격이에요.

방글이는 작년 가을에 초등학교에 입학한 후 성실하게 학교생활을 해 오고 있는데, 최근에는 교내에서 열린 인권 행사에서 우수한 성적을 거둬 상장을 받기도 했습니다.

그런데 문제가 생겼습니다. 최근 변호사로부터 행정소송에서 패소했다는 소식을 전해 들었어요. 법원은 방글이 가족이 난민이 아니라고 생각했습니다. 방글이네 가족은 이제 미등록 체류 외국인 신세가 되었습니다. 그럼 방글이는 학교에서 어떻게 되는 걸까요? 벌써 친구도 많이 사귀고 시험공부도 열심히 했는데, 이제 미등록 체류 외국인이 되면 더 이상 학교를 다닐 수 없는 걸까요?

국제연합(UN)은 1951년 제2차 세계 대전 이후에도 지속적으로 발생하는 난민과 관련된 문제를 해결하고자 난민의 지위에 관한 이전의 국제 협정들을 개정하고 통합하고 그러한 문서의 적용 범위와 그 문서에서 정하여진 보호를 새로운 협정에서 확대하는 것이 바람직함을 고려하여 〈난민 지위에 관한 협약〉(이하 '난민 협약')을 채택하게 되었습니다.

〈난민 협약〉에는 난민의 정의, 인정 절차, 난민의 지위와 권리에 관한 내용이 담겨 있습니다. 난민에 대하여 '인종, 종교, 국적 또는 특정 사회 집단의 구성원 신분 또는 정치적 의견을 이유로 박해를 받을 우려가 있다는 충분한 이유가 있는 공포로 인하여 국적국 밖에 있는 자로서 그 국적국의 보호를 받을 수 없거나 또는 그러한 공포로 인하여 그 국적국의 보호를 받는 것을 원하지 아니하는 자 및 이들 사건의 결과로서 상주 국가 밖에 있는 무국적자로서 종전의 상주 국가로 돌아갈 수 없거나 또는 그러한 공포로 인하여 종전의 상주 국가로 돌아가는 것을 원하지 아니한 자'로 정의하고 있습니다.

우리나라는 1992년 〈난민 협약〉에 가입하였으며, 2012년 「난민법」(〈난민 협약〉 및 〈난민 의정서〉 등에 따라 난민의 지위와 처우 등에 관한 사항을 정함을 목적으로 함)을 제정하여 2013년부터 시행해 오고 있는데요. 「난민법」에는 아래와 같이 난민에 대한 정의 규정을 두고 있습니다.

---

**「난민법」**

제2조(정의) 이 법에서 사용하는 용어의 뜻은 다음과 같다.

1. "난민"이란 인종, 종교, 국적, 특정 사회집단의 구성원인 신분 또는 정치적 견해를 이유로 박해를 받을 수 있다고 인정할 충분한 근거가 있는 공포로 인하여 국적국의 보호를 받을 수 없거나 보호받기를 원하지 아니하는 외국인 또는 그러한 공포로 인하여 대한민국에 입국하기 전에 거주한 국가(이하 "상주국"이라 한다)로 돌아갈 수 없거나 돌아가기를 원하지 아니하는 무국적자인 외국인을 말한다.

---

이제 난민이 어떤 뜻인지 조금 알 수 있겠지요?

그런데 난민 인정의 요건이 되는 '박해'란 무엇을 말하는 걸까요? 방글이 아빠는 야당 당원으로서 정치활동을 해 오다가 여당과 정치적 견해를 달리한다는 이유로 생명의 위협을 느꼈고 이를 이유로 난민 지위를 인정해 달라고 신청을 하였던 것인데요. 「난민법」제2조 제1호에서 정하고 있는 난민 인정의 요건인 박해란 생명, 신체 또는 자유에 대한 위협을 비롯하여 인간의 본질적 존엄성에 대한 중대한 침해나 차별을 야기하는 행위를 의미합니다(대법원 2016. 3. 10. 선고 2013두14269 판결 등 참조).

법원은 '박해를 받을 충분한 근거 있는 공포가 있음'은 난민 인정을 신청하는 외국인이 증명하도록 하고 있는데요. 방글이 가족이 행정소송에서 패소한 이유는 그러한 박해를 받을 충분한 근거 있는 공포가 있음을 입증할 만한 증거를 제출하지 못하였기 때문이라고 하네요.

소송에서 지면서 방글이 가족은 이제 미등록 체류 외국인 신세가 되었습니다. 미등록 체류 외국인이란 무엇일까요?

대한민국에 입국하려는 외국인은 체류 자격을 가져야 하고, 입국한 외국인은 그 체류 자격과 체류 기간의 범위에서 국내에서 체류할 수 있어요(「출입국관리법」제10조, 제17조). 예를 들면 관광을 목적으로 90일을 넘지 않는 기간 동안 한국에 머무르려는 외국인은 단기 방문(C-3)이라는 체류 자격을 부여받고 그 목적에 부합하는 활동을 할 수 있는 건데요. C-3 비자는 흔히 초청비자라고 불리는데, 90일 내에 한국에서 조사, 상담, 관광, 친지 방문, 요양 등을 하려는 사람에게 발급되는 비자입니다. 체류 목적은

90일 이내에 달성되어야 하고, 체류 중 영리 활동을 하면 안 되는 비자예요.

대한민국에는 30가지가 넘는 체류 자격이 존재하고 각 체류 자격별로 체류 기간과 활동 범위가 다릅니다. 만약 90일을 초과하여 체류하려면 외국인 등록을 해야 하고, 체류 자격 외 활동을 하고자 한다면 미리 법무부 장관의 체류 자격 외 활동 허가를 받아야 해요(「출입국관리법」제20조, 제31조).

미등록 체류 외국인이란 국내에 체류하고 있는 외국인 중에 「출입국관리법」에서 정하고 있는 체류 자격별 체류 기간과 활동 범위 등을 위반한 자들을 말하는데요. 방글이는 난민 불인정 결정을 취소해 달라는 행정소송을 진행하는 동안에는 기타(G-1) 자격으로 체류해 왔지만, 패소 확정 이후 체류 기간이 만료되었기 때문에 「출입국관리법」상 합법적인 체류 자격을 유지하지 못하게 되었고, 이에 따라 미등록 체류 외국인으로 지칭되게 된 것이랍니다.

참고로 여기서 C-3, G-1이라는 기호는 「출입국관리법」상 체류 자격(흔히 말하는 "비자(VISA)")을 알파벳 A부터 G까지로 분류하고 있는데 그중 어디에 해당하는지 나타내는 표시입니다. 「출입국관리법 시행령」별표 1, 2에 자세한 설명이 나옵니다. 이때 별표란 법조문 본문에 넣기 어려운 표를 별도로 법령에 덧붙인 것입니다. '별표 1'이라고 하면 첫 번째 표, '별표 2'는 두 번째 표를 말하는 식이지요.

또 한 가지 해결되지 않는 문제가 있지요? 소송을 하는 동안 이미 학교에 다니고 있던 방글이는 이제 학교에 다닐 수 없는 걸까요? 대한민국은 2003년 유엔아동권리위원회로부터 미등록 이주 아동에게도 국적 취득 아동과 동등한 교육권을 보장하라는 권고를 받은 후 「초중등교육법 시행령」을 개정하였습니다. 이주 아동이 초등학교에 입학할 때 외국인 등록 사실을 증명하는 서류를 대신하여 거주 사실을 확인할 수 있는 서류를 제출할 수 있도록 변경하면서 미등록 이주 아동도 초등학교에 입학할 수 있게 되었습니다. 하지만 미등록 체류 이주 아동에게 합법적인 체류 자격을 부여하지 않음으로써 이주 아동은 단속을 받고 언제든지 추방될 수도 있다는 두려움을 안고 학교를 다녀야 했지요.

대한민국 정부는 이주 아동의 체류 자격과 관련해서는 이를 단속하여 추방하기보다는 방관과 묵인, 일시 허가하는 태도를 보였습니다. 아동의 양육과 교육에 관해서는 민간에 의존하거나 부분적으로 허용하는 정책을 취해 왔습니다. 이러한 이주 아동에 대한 정부의 시선은 기본적으로 인도적인 차원이었을 뿐 아동의 권리를 보장하기 위한 정책을 수립했다고는 볼 수 없겠지요.[*] 그나마 다행인 것은 법무부에서 2021년 4월 19일부터 '국

---

[*] 〈이주아동의 교육권 실태조사 연구〉, 국가인권위원회, 2010.

내 출생 불법 체류 아동 조건부 구제 대책 시행 방안'을 내놓았다는 것인데요. 이에 의하면 고등학교 졸업 시까지 학업을 위한 체류 자격(D-4)을 부여합니다. 다만, 고등학교 졸업 시까지만 한시적 체류를 허용하고, 성인이 되면 출국한다는 조건이 부가됩니다. 여전히 '불법' 체류라는 관점에서 벗어나지 못한 듯해 아쉽습니다.

대한민국이 1991년 비준한 〈유엔아동권리협약〉은 차별 없이 모든 아동의 교육권을 보장해야 한다고 규정하고 있습니다. 교육권의 중요성 및 「헌법」 제6조에 의하여 국내법과 동일한 효력을 갖는 〈유엔아동권리협약〉의 기준에 따를 때 「헌법」 제31조의 교육권은 모든 이주 아동에게 보장된다고 해석하는 것이 타당해 보이기 때문입니다. 미등록 체류 아동에 대한 시혜적인 조치가 아니라 '아동의 권리'이기 때문에 당연히 보장해 주어야 하지요.

# 03
## '청년경찰'의 무책임한 한마디

**열쇠말:** 차별금지법, 중국 동포
**관련 법:** 〈모든 형태의 인종차별 철폐에 관한 국제 협약〉

철수는 작년에 전학 간 친구 연길이를 오랜만에 만났습니다. 연길이는 안산에 살다가 서울 대림동으로 이사를 가는 바람에 통학 거리가 너무 멀어져 전학을 갈 수밖에 없었지요. 두 사람은 오랜만에 만나 수다를 떨고 영화를 보러 갔습니다. 영화 이름은 〈청년경찰〉(2017), 500만 명이 넘게 봤다는 영화라고 해서 참으로 기대가 되었습니다. 신기하게도 영화 중간에 연길이가 이사 갔다는 '대림동'이 나왔습니다.

택시 기사: 자, 학생들 이제 대림동 다 왔어요.

영화 주인공: 한국에 이런 데가 다 있었어? 야, 간판 봐, 완전 중국이야. 처음 본다.

택시 기사: 학생들, 이 동네 조선족들만 사는데, 밤에 칼부림도 많이 나요. 여권 없는 범죄자들도 많아서 경찰도 잘 안 들어와요. 웬만해선 길거리 다니지 마세요.

영화 주인공: 알겠습니다.

영화를 보고 나온 연길이는 대림동이 중국 동포가 많이 살고 있는 동네이지만 평화롭고 아름다운 동네인데, 영화에서 범죄 도시로 묘사한 것이 너무 불쾌하다고 합니다. 그러나 철수는 영화 대사가 머릿속에 남아 연길이의 불평이 와닿지 않습니다. 그렇게 무서운 동네에 사는 연길이가 걱정될 뿐입니다.

그런데 영화라고는 하지만 특정 동네를 마치 범죄의 소굴인 것처럼 묘사하고, 특정 지역 사람을 차별적으로 묘사한 데 대한 법적인 책임은 없을까요? 우리나라는 국제연합(UN)에서 1965년 12월 21일 채택한 국제 조약 〈모든 형태의 인종차별 철폐에 관한 국제 협약〉에 비준하였고, 이 조약은 국회의 동의를 거쳐 1979년 1월 4일부터 발효 중입니다(2017년 11월 1일 기준으로 178개국에서 비준을 받은 대표적인 국제 인권 조약입니다).

우리나라 「헌법」 제6조 제1항은 "「헌법」에 의하여 체결·공포된 조약과 일반적으로 승인된 국제 법규는 국내법과 같은 효력을 가진다."고 규정을 하고 있기에 위 조약은 국내법과 같은 효력을 가집니다. 따라서 특정 민족과 그들이 집단으로 거주하는 지역을 혐오스럽게 표현하는 것은 〈모든 형태의 인종차별 철폐에 관한 국제 협약〉 위반입니다. 하지만 국제 협약 위반이라 하더라도 우리나라에는 차별금지법이 존재하지 않기에 영화 제작사를 법적으로 처벌하거나 손해배상 의무를 지우는 것이 쉽지는 않습니다.

실제 〈청년경찰〉 영화가 중국 동포에 대한 혐오적, 악의적 묘사로 편견을 불러일으켰다며 중국 동포 62명이 영화제작사를 상대로 제기한 소송 1심에서 패소하였다가, 항소심(2심)에서 화해 권고로 종결된바 있습니다. 화해권고란 서로 간에 양보하여 합의로 사건을 끝내는 방법입니다. 다시 말해 법적으로 영화제작사가 차별적, 혐오적 표현에 대해 법적 책임을 져야 하는지가 명확하게 판결로 가려지는 않은 것이죠. 이 사건의 화해권고 내용은 "이 영화로 인해 불편함과 소외감 등을 느낀 원고들에게 공식 사과와 앞으로 재발 방지를 약속할 것을 권고한다."는 것이었고 영화제작사가 이 권고를 받아들여 사건이 마무리되었습니다.

철수는 이 영화를 보기 전에도 '중국 동포'나 '조선족', '대림동'에 대해 들은 바가 있지만 특별한 감정은 없었습니다. 그런데 이 영화를 보고 나서는 중국 동포(조선족)는 만나고 싶지도 않고, 대림동에 가는 것이 무서워졌습니다.

그럼 '대림동'과 '중국 동포'에 대한 부정적 이미지를 심어 준 이 영화의 관람 등급은 어떨까요? 15세 이상 관람가입니다. 영상물등급위원회 홈페이지를 통해 확인할 수 있는 등급 분류 이유에는 '중국 동포'니 '대림동'이니 하는 문제에 대해서는 전혀 언급되어 있지 않습니다. 하지만 '영화 및 비디오물 등급 분류 기준'에는 다음과 같은 원칙과 기준이 있습니다. 이러한 내용을 반영했을 때도 영화 등급이 '15세 이상 관람가'로 되었을지는 명확하지는 않지만, 그래도 관람 등급을 결정할 때는 참고해야 하지 않을까 하는 생각을 하게 됩니다.

---

**영화 및 비디오물 등급 분류 기준**

제4조(원칙)

③ 등급 분류는 인류 보편적 가치와 성·인종·국가 및 문화의 다양성을 존중하여야 한다.

제7조(등급 분류 기준)

③ 15세 이상 관람가 기준은 다음과 같다.

8. 그 밖에 특정한 사상·종교·풍속·인종·민족 등과 관련하여 15세 미만에 해당하는 사람에게 부정적 영향을 미치는 표현이 있는 것

④ 청소년 관람 불가 기준은 다음과 같다.

8. 그 밖에 특정한 사상·종교·풍속·인종·민족 등에 대한 묘사가 청소년이 관람하기에 부적절한 것

---

# 04
# 버스
# 장애인 휠체어석의
# 방향과 차별

**열쇠말:** 평등권 침해의 차별 행위, 차별금지법

**관련 법:** 「헌법」, 「국가인권위원회법」,

「장애인차별금지법」

# 버스 장애인 휠체어석의 방향과 차별

철수는 오랜만에 친구를 만나러 경기도 안산에서 수원으로 가는 2층 광역버스를 탔습니다. 영국 런던에서 다닌다는 빨간색 2층 버스를 유튜브에서 본 적은 있지만 직접 2층 버스를 탄다는 생각에 마음이 설렜습니다. 그런데 버스에서 시끌벅적한 일이 벌어졌습니다. 어떤 아저씨가 피부색이 검은 한 외국인 여성분과 그 여성의 손을 꼭 잡고 있는 아이를 손가락으로 가리키며 이런 말을 합니다.

"니네들 여기 있는 거 불법이다. 니네 나라로 가라."

다짜고짜 반말로 이런 말을 내뱉는 아저씨 때문에 당황한 외국인 여성은 아이와 함께 얼른 몸을 피했지만, 그때 아이가 "우리 불법 아니에요."라고 외치며 귀를 막고 울기 시작했습니다. 다른 승객들이 아저씨를 나무라며 말했습니다. "자초지종도 모르면서 함부로 불법이라고 말하세요? 아이도 다 듣고 있는데 말이에요." 옥신각신 실랑이가 한참 벌어졌고, 아저씨가 버스에서 내리고 나서야 겨우 조용해졌습니다.

철수는 친구들과 놀면서도 마음이 편하지가 않았습니다. 그

아저씨가 사용한 "불법"이라는 단어와 "우리 불법 아니에요."라고 외치며 엉엉 울던 아이의 울음소리가 계속 머릿속에 맴돌았습니다.

친구를 만나고 다시 집으로 돌아오는 버스 안, 사람이 가득 차서 앉을 자리가 없습니다. 간신히 1층 구석에서 손잡이를 잡고 이동을 하고 있는데, 철수는 또 앉아 있는 사람들 사이에서 어색한 광경을 마주합니다. 승객들은 모두 앞을 바라보고 있는데, 어떤 한 승객만 옆을 바라보고 있는 겁니다. 통로에도 사람들이 서 있어서인지 앞이 아닌 통로 승객을 바라보고 있는 모습이 더더욱 어색하게 느껴집니다.

그 승객은 휠체어를 탄 장애인입니다. 휠체어가 들어가야 하는 좌석이라 다른 곳보다 조금 더 넓은 공간인데, 전동휠체어에 탑승한 장애인은 왜 앞을 보지 못하고 옆을 보고 있는 것인지, 철수는 도통 이해가 가지 않습니다. 자신이 그 장애인이라면 참 부끄러울 것 같다는 생각이 들었습니다.

철수가 버스에서 경험한 두 가지 사례는 실제로 있었던 일입니다. 외국인을 가리키며 다짜고짜 '불법 체류 외국인'이라고 말하는 건 「형법」상 '모욕죄'에 해당됩니다. 실제로 이런 말을 한 사람이 모욕죄로 형사처벌을 받았고, 외국인의 마음을 아프게 한 피해 배상으로 위자료를 지급하라는 법원 판결이 선고되기도 하였습니다. 그러나 여전히 아버지가 외국 국적자인 이주 배경 청소년에게 "야! 코로나!"라는 혐오스러운 이야기를 하는 등 국적, 민족을 이유로 이런 차별과 혐오가 담긴 말을 하는 일이 사라지지 않고 있습니다.

휠체어를 탄 장애인이 버스 안에서 측면을 바라보게 한 좌석 구조는 장애인 차별이라고 법원에 소송을 제기한 사건이 있었는데, 이에 대해서는 2021년 대법원에서 지체장애인의 손을 들어 주었습니다. 다른 좌석과 마찬가지로 버스 진행 방향으로 휠체어를 세울 수 있도록 교통 약자용 좌석을 설치해야 한다고 판단한 것입니다.

대한민국 「헌법」은 평등 이념에 따라 정치·경제·사회·문화 등 모든 생활 영역에서 합리적 이유가 없는 모든 형태의 차별을 금지합니다. 「국가인권위원회법」은 평등권을 침해하는 차별 행위를 아래와 같이 정의하고 있습니다.

---

**「국가인권위원회법」**

제2조(정의) 이 법에서 사용하는 용어의 뜻은 다음과 같다. 〈개정 2016. 2. 3., 2020. 2. 4., 2022. 1. 4., 2022. 4. 26.〉

3. "평등권 침해의 차별 행위"란 합리적인 이유 없이 성별, 종교, 장애, 나이, 사회적 신분, 출신 지역(출생지, 등록기준지, 성년이 되기 전의 주된 거주지 등을 말한다), 출신 국가, 출신 민족, 용모 등 신체 조건, 기혼·미혼·별거·이혼·사별·재혼·사실혼 등 혼인 여부, 임신 또는 출산, 가족 형태

또는 가족 상황, 인종, 피부색, 사상 또는 정치적 의견, 형의 효력이 실효된 전과(前科), 성적(性的) 지향, 학력, 병력(病歷) 등을 이유로 한 다음 각 목의 어느 하나에 해당하는 행위를 말한다.

가. 고용(모집, 채용, 교육, 배치, 승진, 임금 및 임금 외의 금품 지급, 자금의 융자, 정년, 퇴직, 해고 등을 포함한다)과 관련하여 특정한 사람을 우대·배제·구별하거나 불리하게 대우하는 행위

나. 재화·용역·교통수단·상업시설·토지·주거시설의 공급이나 이용과 관련하여 특정한 사람을 우대·배제·구별하거나 불리하게 대우하는 행위

다. 교육시설이나 직업훈련기관에서의 교육·훈련이나 그 이용과 관련하여 특정한 사람을 우대·배제·구별하거나 불리하게 대우하는 행위

라. 성희롱[업무, 고용, 그 밖의 관계에서 공공기관(국가기관, 지방자치단체, 「초·중등교육법」 제2조, 「고등교육법」 제2조와 그 밖의 다른 법률에 따라 설치된 각급 학교, 「공직자윤리법」 제3조의 2 제1항에 따른 공직유관단체를 말한다)의 종사자, 사용자 또는 근로자가 그 직위를 이용하여 또는 업무 등과 관련하여 성적 언동 등으로 성적 굴욕감 또는 혐오감을 느끼게 하거나 성적 언동 또는 그 밖의 요구 등에 따르지 아니한다는 이유로 고용상의 불이익을 주는 것을 말한다] 행위

---

그러나 차별 금지가 더 실효성 있게 작동되려면 특별법이 필요하다는 판단하에 '차별금지법'이 제정되어야 한다는 목소리가 높습니다. 2007년 대한민국 제17대 국회에서 처음 발의된 이래 새로 출범하는 국회마다 계속하여 발의되고 있지만, 아직 차별금지법이 제정되지 못하고 있습니다. 「장애인차별금지법」만 2007년

대한민국 「헌법」은 평등 이념에 따라 정치·경제·사회·문화 등 모든 생활
영역에서 합리적 이유가 없는 모든 형태의 차별을 금지합니다.

4월 10일 제정되어 2008년 4월 11일부터 시행되고 있습니다.

여러분은 차별금지법을 어떻게 생각하나요?

## 05

# 장애인은
# 인터넷 할인 예매가
# 안 되었다고?

**열쇠말:** 실질적 차별, 실질적 평등

**관련 법:**「장애인 차별 금지 및 권리 구제 등에 관한 법률」

## 장애인은 인터넷 할인 예매가 안 되었다고?

지금은 장애인도 인터넷에서 할인권 예매가 가능하지만 과거에는 현장 할인만 가능했던 때가 있었습니다. 장애인 차별의 형식적 차별과 실질적 차별을 살펴보기 위해 과거의 예를 그대로 사용하였다는 점을 밝힙니다.

날씨가 화창한 4월의 어느 날. 철수는 체험학습 때문에 멀티플렉스 영화관을 찾았어요. 이렇게 날씨가 좋을 줄 알았으면 놀이공원이나 벚꽃놀이를 갈걸 하는 후회가 잠깐 들었지만 그래도 영화 〈서울의 봄〉은 꼭 보고 싶었기 때문에 속상함은 오래가지 않았어요.

철수는 스마트폰으로 인터넷 예매를 하고 와서 시간이 남았어요(당연히 통신사 카드 할인도 받았지요). 간만에 '쿠키런' 게임으로 시간을 때우고 있었는데 시끄럽게 싸우는 소리가 들렸어요. 자세히 보니 웬 남자가 영화관 직원이랑 다투고 있었고, 그 옆에는 철수 또래 아이가 휠체어에 앉아 있었어요. 무슨 일일까요?

한 남자: 아니 표가 없다니요? 잔여석이 100자리도 넘는다고 나오지 않습니까?

영화관 직원: 고객님, 죄송합니다. 잔여석은 100석이지만 장애인석은 매진되었습니다. 저희 영화관에는 장애인석이 2석으로 고정되어 있습니다. 일반 좌석은 발권 가능합니다.

한 남자: 그럼 다음 회차 표라도 주세요.

영화관 직원: 고객님 여기는 안내데스크라 발권이 안 됩니다. 현장 발권은 저쪽에서 대기표를 뽑고 줄을 서서 기다려 주시기 바랍니다.

한 남자: 아니, 장애인 할인은 인터넷 예매가 안 된다면서요? 그래서 조조로 현장 발권하려고 30분이나 기다렸더니 장애인석이 다 매진이라니…. 그럼 또 30분도 넘게 몸이 불편한 아이를 데리고 저 끝에 가서 줄을 서라는 겁니까? 게다가 조조할인도 안 되잖아요. 아니, 국내 최대 영화관이란 곳에서 이런 식으로 장애인을 차별해도 되는 겁니까? 심히 유감입니다!

영화관 직원: 고객님 불편을 드려 죄송합니다. 저희 영화관은 최선을 다하고 있습니다만 혹시 불만 사항이 있으시면 시정하도록 하겠습니다. 감사합니다. 다음에 또 이용해 주시기 바랍니다.

이때 영화관은 아무런 법적 책임이 없을까요? 이런 경우에 적용할 수 있는 법이 바로 「장애인 차별 금지 및 권리 구제 등에 관한 법률」('장차법')입니다.

먼저 「장차법」을 살펴볼까요.

장애인과 비장애인을 차별하면 안 되고, 차별 여부의 판단 기준은 '실질적으로 동등하지 않은 수준'인지의 여부라고 명시하고 있습니다. 그런데 실질적으로 동등하지 않은 수준이란 뭘까요? 먼저, 장애인 할인 제도는 장애인에게 유리한 것이니 형식적으로 볼 때 장애인을 비장애인과 차별하는 것은 아니지요. 그렇다고 이 경우에 차별이 없다고 보기에는 뭔가 이상하지 않나요? 분명 그 친구는 30분 넘게 표를 사려고 기다렸지만 영화를 못 보고 그냥 집으로 돌아갔는데요.

형식적으로는 차별이 아니더라도 그것이 유명무실하다면 우리는 '실질적 차별'에 해당한다고 말할 수 있습니다. 형식적 차별은 비교적 쉽게 파악할 수 있습니다. 예컨대 휠체어를 탄 장애인에 대해 극장 출입을 금지하는 행위를 들 수 있지요. 하지만 실질적 차별에 해당하는지는 판단하기가 어렵습니다. 눈에 보이는 기준이 없기 때문이지요. 그럼 이 경우는 실질적 차별일까요?

이 경우에 문제는 일단 장애인에 대해 '인터넷' 할인을 제공하지 않았다는 점에 있는 것 같습니다. 현장 할인만 가능하다는 점에서 이미 통신사 할인 등 다른 할인 서비스와 동등한 수준의 서비스가 아닌 것이지요. 비장애인도 불편한 현장 발권을 몸이 불편한 장애인에게 강요하는 것이니까요.

장애인 할인(현장 할인만 가능)과 다른 할인(인터넷 할인 가능) 사이 평등에 관해 우리는 두 가지를 생각해 볼 수 있습니다.

첫째, ① 통신사 할인과 같은 비장애인 서비스는 장애인도 마찬가지로 이용할 수 있을 뿐 아니라, ② 인터넷 예매 서비스는 영화관에서 호의적으로 시행하는 것이지 반드시 그래야 할 의무는 없다는 반박입니다. 그러나 ①은 단순히 '금전적 이익'의 차원에서 접근한 것으로 장애인 할인 서비스는 없어도 된다는 말과 같아 충분한 반박이 되지 못합니다. 또한 ②는 '실질적 평등'에 어긋나는 주장으로 역시 받아들일 수 없습니다. 아예 하지 않을 것이라면 몰라도 기왕에 할 거면 똑같이 하라는 게 실질적 평등의 의미이기 때문이지요. 그래서 실질적 평등을 '같은 것은 같게, 다른 것은 다르게'라고도 합니다(물론 아예 안 한다면 당연히 형식적 평등에 어긋나겠지요). 다른 할인에 대해서는 다 인터넷 할인이 가능하도록 하면서 장애인 할인에만 인터넷 할인을 불가능하게 한 것은 '같은 것(할인)을 같게(인터넷으로 가능)' 취급하지 않은 것이지요.

둘째, 장애인 할인 제도 도입을 법으로 강제한다면 영화관(사기업)의 이윤 추구를 부당하게 제한하는 문제가 생기지 않을까요? 장애인 할인에 대한 인터넷 서비스를 도입하려면 비용이 발생하는데, 그 비용은 순전히 영화관이 부담해야 하기 때문이지요. 「장차법」은 이런 문제를 해결하고자 '정당한 이유'가 있으면 위와 같은 경우 시설을 하지 않아도 된다고 말합니다.

그런데 이 경우 멀티플렉스 극장과 같은 대기업의 입장에서 장애인 할인 인터넷 서비스 도입이 과도한 부담이라고 보기는 어려울 것입니다. 이미 비장애인 할인에 대한 인터넷 서비스 기반이 구축되어 있으므로 약간의 투자만으로 충분할 것이기 때문입니다. 따라서 「장차법」의 '정당한 이유'를 근거로 하는 항변도 쉽게 받아들이기 어렵겠습니다.

한편, 100석이 넘는 상영관임에도 장애인석이 2석밖에 없어 매진으로 영화를 못 봤다는 점에서 장애인석이 2석밖에 없음을 장애인에 대한 차별로 볼 수는 없을까요? 나아가 장애인석은 대부분 맨 앞줄에 배치되어* 있다는 점에서 장애인석이 있다 하더라도 장애인의 영화관람권이 실질적으로 보장되고 있다고 할 수 있을까요?

「장차법」에는 영화관의 장애인석에 관한 규정이 있지만 장애

---

* 비마이너뉴스, 〈장애인은 맨 앞줄에만? 영화관 장애인석 70% 앞줄 배치〉, 2021년 10월 15일.

인석을 몇 석으로 하고 어디에 배치하라고 규정되어 있지는 않습니다. 결국 장애인 영화관람권의 실질적 평등 문제는 단순히 법의 영역이라기보다는 정치의 영역, 사회적 합의의 영역입니다. 여러분의 생각이 모여 최종 결정을 하게 되는 것이지요.

---

**「장애인 차별 금지 및 권리 구제 등에 관한 법률」('장차법')**

제24조(문화·예술활동의 차별금지) ②국가와 지방자치단체 및 문화·예술사업자는 장애인이 문화·예술활동에 참여할 수 있도록 정당한 편의를 제공하여야 한다.

**「장애인 차별 금지 및 권리 구제 등에 관한 법률 시행령」**

제15조(문화·예술활동의 차별금지) ② 법 제24조 제2항에 따른 정당한 편의의 구체적인 내용은 다음 각호와 같다.

1. 장애인의 문화·예술활동 참여 및 향유를 위한 출입구, 위생시설, 안내시설, 관람석, 열람석, 음료대, 판매대 및 무대단상 등에 접근하기 위한 시설 및 장비의 설치 또는 개조

---

지금까지 내용을 정리해 보겠습니다. 과거에 장애인 할인을 현장할인으로만 운영한 것은 「장차법」에 위반되는 차별로 보입니다. 그렇다면 장애인석이 2개인 것, 스크린 가장 앞 줄에 장애인석을 설치한 것 등등은 「장차법」에 위반된다고 보아야 할까요? 실질적 차별일까요?

# 06

# 시몽은
# 왜 10배의 진료비를
# 내야 할까?

**열쇠말:** 국민건강보험, 사회보험, 외국인

**관련 법:** 「사회보장기본법」, 「국민건강보험법」, 「헌법」

## 시몽은 왜 10배의 진료비를 내야 할까?

'여름철 식중독 비상.'

다른 학교, 다른 교실 이야기라고 생각했던 일이 철수네 교실에 일어났습니다. 어제 급식에 나온 음식을 먹고 갑자기 배탈이 나서 학교에 결석한 친구가 무려 10명. 그러나 철수는 건강한 모습으로 등교했습니다. 그런데 2교시가 끝나고 갑자기 배가 아파 오더니, 다른 친구 5명도 배가 아프다고 합니다. 철수와 친구들은 조퇴를 하고 학교 근처 소아청소년과로 발길을 옮겼습니다. 이날 함께 배탈이 난 친구 중에는 몇 달 전부터 같은 반이 된 시몽도 있었습니다.

시몽은 아프리카 콩고 출신으로, 시몽네 가족은 콩고가 전쟁에 휩싸여 어려움이 많아 제3국을 전전하다가 작년에 우리나라에 오게 되었고 난민 신청을 한 후 그 결과를 기다리고 있는 중입니다.

식중독 증상으로 철수와 친구 5명은 똑같은 주사를 맞고, 계산을 하는데 철수와 친구 4명은 2,000원의 진료비가 나왔습니다. 그런데 이게 웬일? 시몽은 2만 원이라는 것입니다. 똑같은 선생님한테 진료를 보고 똑같은 주사를 맞았는데 왜 시몽은 10배의 치료비를 내야 하는 것일까요? 간호사는 '시몽은 국민건강보험이 적용되지 않기 때문'이라고 그 이유를 설명했습니다.

국민건강보험? 철수는 그런 보험을 든 적도 없고, 보험료를 낸 적도 없는데 어떻게 된 일일까요?

국민건강보험 제도는 질병이나 부상으로 인해 발생한 고액의 진료비로 가계에 과도한 부담이 되는 것을 방지하기 위하여, 국민들이 평소에 보험료를 내고 보험자인 국민건강보험공단이 이를 관리·운영하다가 필요시 보험 급여를 제공함으로써 국민 상호 간 위험을 분담하고 필요한 의료 서비스를 받을 수 있도록 하는 사회보장제도입니다. 국가가 운영하는 의료보험이지요.

이 제도의 법적 근거는 아래와 같습니다.

---

**1) 「헌법」**

대한민국 「헌법」은 제34조 제1항 및 제2항에서 국민의 인간다운 생활을 할 권리와 이를 실현하기 위한 국가의 사회복지 증진 의무를 규정함으로써 사회보장제도의 법적 근간이 됩니다.

**2) 「사회보장기본법」**

사회보장에 관한 기본법인 「사회보장기본법」 제3조 제1호는 "사회보장이란 출산, 양육, 실업, 노령, 장애, 질병, 빈곤 및 사망 등의 사회적 위험으로부터 모든 국민을 보호하고 국민 삶의 질을 향상시키는 데 필요한

소득·서비스를 보장하는 사회보험, 공공부조, 사회서비스를 말한다."고
하여 사회보장의 법적 범위를 규정하고 있습니다.

### 3) 「국민건강보험법」

국민의 질병·부상에 대한 예방·진단·치료·재활과 출산·사망 및 건강 증
진에 대하여 보험 급여를 실시함으로써 국민 건강을 향상시키고 사회보
장을 증진함을 목적으로 하는 「국민건강보험법」이 국민건강보험 제도를
구체화하고 있습니다. 이 법은 의료보험 제도의 통합 운영에 따라 종전의
「의료보험법」과 「국민의료보험법」을 대체하여 제정되었습니다.

---

국민건강보험은 국민이라면 반드시 가입해야 하는 의무사항
입니다. 만약 보험 가입을 기피할 수 있도록 제도화할 경우 질병
위험이 큰 사람만 보험에 가입하여 국민 상호 간 위험 분담 및 의
료비 공동 해결이라는 건강보험 제도의 목적을 실현할 수 없기
때문에 일정한 법적 요건이 충족되면 본인의 의사와 관계없이
건강보험 가입이 강제되고 보험료 납부 의무가 부여됩니다. 어
찌 보면 건강한 사람은 손해 보는 제도 같지만, 건강한 사람이라
하더라도 언제 어디서 아프거나 사고를 당할지는 알 수 없으니
반드시 그렇다고만 할 수는 없겠습니다.

철수의 아버지가 근로자라면 직장가입자, 개인사업자라면 지
역가입자이고 철수는 아버지의 피부양자로 등재되어 국민건강

보험의 혜택을 받고 있는 것입니다. 그럼 시몽 같은 외국인도 국민건강보험에 가입할 수 있을까요? 현행 「국민건강보험법」상 시몽같이 난민 신청자의 신분은 국민건강보험 직장가입자는 될 수 있지만, 지역가입자는 될 수 없습니다. 이것은 시몽이 난민 신청자 신분이기 때문이고, 외국인의 경우에도 결혼이주민, 외국인 근로자, 영주권자, 재외동포 등은 국민건강보험 가입 자격을 획득할 수 있습니다.

그럼 이런 국민건강보험은 '○○ 생명', '○○ 손해보험' 같은 일반 보험회사의 '민영 보험'과는 어떻게 다를까요? 국민건강보험은 사회보험입니다. 「사회보장기본법」 제3조 제2호는 '사회보험'에 관해서 '국민에게 발생하는 사회적 위험을 보험의 방식으로 대처함으로써 국민의 건강과 소득을 보장하는 제도를 말한다.'고 정의하고 있습니다.

'사회보험'은 기본적으로 미래에 직면할 수 있는 사회적 위험에 대비하여 평소 경제 활동을 통하여 소득이 있을 때 그 소득의 일부를 강제로 갹출하여 사전에 대비하는 제도를 말합니다. 사회보험은 민영 보험과 마찬가지로 가입자의 기여금(보험료)을 재원으로 가입자에게 발생하는 위험(보험 사고)을 분산하는 보험 원리를 이용하고 있지만, 영리를 목적으로 하는 민영 보험과는 다른 성격을 가집니다.

구체적으로 민영 보험과 국민건강보험은 보험료 부담 및 보장

범위에서 큰 차이를 보입니다. 민영 보험은 보장의 범위, 질병 위험의 정도, 계약의 내용 등에 따라 보험료를 부담하는 데 비해, 사회보험 방식으로 운영되는 국민건강보험은 사회적 연대를 기초로 의료비 문제를 해결하는 것을 목적으로 하므로 소득 수준 등 보험료 부담 능력에 따라서 보험료를 부과합니다.

아울러 민영 보험은 보험료 수준과 계약 내용에 따라 개인별로 다르게 보장되지만, 사회보험인 국민건강보험은 보험료 부담 수준과 관계없이 관계 법령에 의하여 균등하게 보험 급여가 이루어집니다.

**국민건강보험 연도별 발전 현황**

| 1963년 - 현재 | |
|---|---|
| 2011. 01 | 사회보험 징수 통합(건강보험, 국민연금, 고용보험, 산재보험) |
| 2008. 07 | 노인장기요양보험 실시 |
| 2007. 04 | 「노인장기요양보험법」 제정(법률 제8403호) |
| 2005. 07 | 노인장기요양보험 시범사업 실시 |
| 2003. 07 | 직장재정과 지역재정 통합(실질적인 건강보험 통합) |
| 2002. 01 | 「국민건강보험재정건전화특별법」 제정 |
| 2001. 07 | 5인 미만 사업장 근로자 직장가입자 편입 |
| 2000. 07 | 국민의료보험관리공단과 직장의료보험조합(133개) 통합 _국민건강보험공단출범(의료보험완전통합) |
| 1999. 02 | 「국민건강보험법」 제정 |

| 1998. 10 | 지역의료보험조합(227개 조합)과 공·교 의료보험관리공단 통합<br>_국민의료보험관리공단 출범 |
|---|---|
| 1997. 12 | 「국민의료보험법」 제정 |
| 1989. 07 | 도시 지역 의료보험 실시 _ 전 국민 의료보험 실현 |
| 1988. 07 | 5인 이상 사업장 의료보험 적용 확대 |
| 1988. 01 | 농어촌 지역 의료보험 확대 실시 |
| 1981. 01 | 100인 이상 사업장 의료보험 적용 확대 |
| 1979. 01 | 공무원 및 사립학교 교직원 의료보험 실시 |
| 1977. 07 | 500인 이상 사업장 근로자 의료보험 실시(486개 조합 설립) |
| 1963. 12 | 「의료보험법」 제정 |

# 07

# 산타클로스 할아버지
# vs.
# 산타클로스 할머니

**열쇠말:** 차별과 평등, 남성과 여성, 헌법재판소
**관련 법:** 「헌법」

## 산타클로스 할아버지 vs. 산타클로스 할머니

철수의 꿈에 나온 두 가지 장면.


#1

어느 건물 앞에 할머니, 어머니, 철수의 누나를 비롯한 많은 여성이 피켓을 들고 시위하는 장면이 나온다. 철수는 피켓에 무엇이 적혀 있는지 유심히 보려고 한다. 피켓에는 이렇게 적혀 있다.


"산타클로스 할아버지! 위헌!
산타클로스 할머니를 허용하라!"


#2

그 건물 안에 있는 넓은 방이 보인다. 넓은 방에는 모두 같은 옷을 입고 근엄한 표정을 한 9명이 의자에 앉아 있는데, 그 앞에서 산타클로스 할아버지가 혼자 서서 이야기한다.


"하루 밤 사이 많은 아이들에게 선물을 나누어 주어야 하는 직업의 특성상 여성인 할머니가 할 수 없는 일입니다. 산타클로스 역할은 오직, 오직 남성인 할아버지만 할 수 있습니다!"

여성들의 구호와 산타클로스 할아버지의 목소리가 뒤섞여 철수의 단잠을 깨운다.

세계은행(World Bank)이 2024년 3월 4일 발표한 보고서 《여성, 일 그리고 법, 2024》에 따르면 조사 대상 190개국의 여성이 법적으로 보호받을 수 있는 권리가 남성의 64.2%에 불과한 것으로 파악되었습니다. 여성은 남성보다 하루 평균 2.4시간을 무급여 돌봄 노동에 더 사용하였고, 급여 부분에서는 남성이 1달러를 벌면 여성은 77센트를 버는 것으로 조사되었습니다.

만약 철수의 꿈에서 본 상황이 현실이라면, 그러니까 대한민국 법률에 산타클로스는 남성인 할아버지만 할 수 있고 여성인 할머니는 할 수 없다고 규정되어 있다면 여성들은 누구를 상대로 소송을 제기해야 할까요? 산타클로스 할아버지? 법을 만든 국회의원? 법을 집행하는 행정부의 수장인 대통령?

이러한 경우 헌법재판 제도를 이용할 수 있고 우리나라는 헌법재판을 담당하는 헌법재판소를 두고 있습니다. 철수가 꿈(넓은 방에 모두 같은 옷을 입고 근엄한 표정을 한 9명이 의자에 앉아 있는 장면)에서 본 바로 그 장소가 헌법재판소이며, 그 9명의 사람이 바로 헌법재판관입니다. 어떤 법률이 「헌법」에 위반된다는 결정이 내려지기 위해서는 9명의 헌법재판관 중 6명 이상이 "위헌"이라는 의견을 내야 합니다.

그럼 산타클로스는 남성인 할아버지만이 할 수 있다는 법률은 우리 「헌법」의 평등권(「헌법」 제11조 제1항 제2문 "누구든지 성별·종교 또는 사회적 신분에 의하여 정치적·경제적·사회적·문화적 생활의 모든 영역에 있어서 차별을 받지 아니한다.")을 침해한 것일까요?

여성들은 산타클로스라는 역할을 남성인 할아버지만 하도록 한 법률은 「헌법」상 평등권을 위반한 것이라고 주장합니다. 그러나 산타클로스 할아버지는 산타클로스라는 역할 자체가 할머니가 하기 힘든 강도 높은 육체노동이므로 남성인 할아버지만 할 수 있도록 한 것은 합리적인 것이라고 주장합니다. 과연 누구의 손을 들어줄 수 있을까요?

모든 차별이 평등권을 침해하는 것은 아닙니다. 예를 들어 시각장애인에 한하여 안마사 자격 인정을 받을 수 있도록 한 「의료법」 규정은 시각장애인이 아닌 사람들에게는 차별적 규정이지만, 생활 전반에 걸쳐 시각장애인에게 가해진 유·무형의 사회적 차별을 보상해 주고 실질적인 평등을 이룰 수 있는 수단이므로 합리적인 차별이라는 것이 헌법재판소의 입장입니다(헌법재판소 2021. 12. 23. 선고 2019헌마656 결정 등).*

나아가 성별을 이유로 하는 차별이 모두 허용되지 않는 것도 아닙니다. 양성평등은 무조건적인 남녀의 동일화를 의미하는 것이 아니기에 생물학적으로 남녀 간의 차이, 예컨대 평균적으로 여성이 남성보다 체력이 약한 경향을 보인다는 것 자체를 부인하지는 않습니다. 남성에게만 부과되는 병역 의무에 대해서 합리적 차별로 허용하는 것도 마찬가지입니다(물론 여성에게 병역 의무를 부과하는 나라도 있습니다. 가령, 노르웨이에서 2016년부터 여성에게도 1년간 병역 의무를 부과할 수 있도록 하는 법률이 제정되어 큰 이슈가 되기도 하였습니다).

과거에는 생물학적인 차이 이외에도 기능적 분업의 차이, 예를 들어 집안일과 육아는 여성만이 담당해야 한다는 사실을 합리적 차별의 근거로 보았으나 이러한 근거는 이제 구시대적인 것으로 도저히 받아들이기 어렵겠지요.

참고로 독일에서는 여성의 야간근무를 제한하는 법률('근무시간법' 제19조)이 있었는데, 여성들은 이 법률로 인하여 승진이나 급여에서 불이익을 받게 되어 위헌이라고 주장하였습니다. 이에 대해 여성들은 잠재적인 어머니라는 생물학적인 차이로 인해 강도가 높은 근로에 있어서 보호를 받아야 하므로 합헌이라는 견해가 있었으나, 1992년 독일 연방헌법재판소는 위헌이라고 최종 결정을 내렸습니다.

---

* 헌법재판소 결정문의 검색은 헌법재판소 홈페이지(http://www.ccourt.go.kr)를 통해 가능합니다.

그렇다면 과연 산타클로스라는 역할을 할머니가 아닌 할아버지만 할 수 있도록 한 것이 합리적인 차별일까요? 하루 밤 사이 많은 아이들에게 선물을 나누어 주어야 하는 직업은 육체적으로 매우 힘들기 때문에 평균적으로 체력이 좋은 남성이 여성보다 적합하다는 의견도 있겠지만 할아버지보다 더 힘세고 건강한 할머니도 우리 주위에 많이 있지요. 단순히 여성이라는 한 가지 기준만으로 모든 할머니에 대해 예외 없이 산타클로스 역할을 금지하는 법률은 합리적인 차별이라고 보기 어려워 보입니다.

성별에 관계없이 체력 검정 절차를 채용 과정에 도입해서 체력이 좋은 사람('같은 것')은 산타클로스로 일할 수 있도록('같게') 하고 체력이 안 좋은 사람('다른 것')은 그렇지 못하게('다르게') 하는 것이 실질적 평등("같은 것은 같게, 다른 것은 다르게")입니다. 이러한 실질적 평등의 실현으로 과거에는 여성에게 금기시되었던 군인, 경찰, 소방관 등의 직업군에서 오늘날 많은 수의 여성이 근무하고 있지요. 다음 크리스마스에는 산타 할머니가 오시면 좋겠네요!

# 5장

# 교육과 법

# 01

# 때리지 않아도
# 학교폭력일까?

**열쇠말**: 학교폭력, 셔틀

**관련 법**: 「학교폭력 예방 및 대책에 관한 법률」

올해 중학교 2학년이 된 철수는 모든 것이 낯설었지만 한편으로는 설레기도 하였습니다. 오늘은 새 학기 첫 수업이 시작되는 날입니다. 딩동 댕동~. 종소리가 울리고 1교시 수학 수업이 시작되었습니다. 수업 내용은 '수와 식의 계산, 유리수와 순환소수'. 철수는 지난 겨울방학에 선행학습을 해 두었던 터라 수업이 어렵지 않았습니다.

오전 수업이 모두 끝나고 점심시간이 되었습니다. 맛있게 점심을 먹던 철수를 누가 불렀습니다. 이런, 철수가 다니는 중학교에서 싸움으로 유명한 광박이였습니다. 광박이는 대뜸 철수에게, "야! 너 매점 가서 포켓몬 빵 사 와."라며 빵 심부름을 시켰습니다. 말로만 듣던 '빵 셔틀'. 병력과 물자를 실어 나르는 역할을 하는 운반선을 뜻하는 셔틀이라는 단어와 빵을 합친 말로 힘이 센 학생들에게 매점에서 빵을 사다 주거나 이런저런 심부름을 하면서 괴롭힘을 당하는 힘없는 학생을 가리키는 말입니다. 철수는 자존심이 많이 상했지만 광박이의 심부름을 거절할 수 없었습니다.

정신없는 하루가 지나가고 종례 시간이 되었습니다. 담임 선생님께서 오시더니 "여러분! 학기 초 월요일 점심시간에 학교폭력이 가장 많이 발생한다는 교육청 조사 결과가 나왔어요. 그래서 오늘은 학기 초 학교폭력을 예방하기 위하여 학교폭력 조사 설문지를 작성할 예정이에요. 자, 설문지를 나누어 줄 테니 작성해서 교탁에 올려 두고 가세요."라고 말씀하셨습니다. 설문지를 받아든 철수는 곰곰이 오늘 있었던 일을 떠올리며 설문지 첫 페이지를 넘겼습니다. 첫 질문은 이랬습니다.

1. 당신은 현재 학교폭력을 당하고 있습니까?
① 예 ② 아니요

철수는 오늘 점심시간에 빵 셔틀을 당한 것을 떠올리며, 이게 학교폭력일까 하는 고민이 되었습니다. 철수는 광박이에게 주먹으로 맞은 일은 없고, 단지 하기 싫은 심부름을 대신 해 주었을 뿐(?)입니다. 과연 강제적인 심부름을 하는 것도 학교폭력일까요? 이 질문에 대해 정확한 답변을 하려면 먼저 학교폭력이 무엇인지 알아야겠죠?

「학교폭력 예방 및 대책에 관한 법률」 제2조 제1호에는 '학교폭력'의 개념을 명확히 규정하고 있습니다. "학교폭력이란 학교 내외에서 학생을 대상으로 발생한 상해, 폭행, 감금, 협박, 약취·유인, 명예훼손·모욕, 공갈, 강요·강제적인 심부름 및 성폭력, 따돌림, 사이버 따돌림, 정보통신망을 이용한 음란·폭력 정보 등에 의하여 신체·정신 또는 재산상의 피해를 수반하는 행위를 말한다." 생각보다 학교폭력이라는 것이 다양하고 그 범위도 참 넓지요?

철수가 빵 셔틀을 당한 것은 학교폭력의 유형 중 강제적인 심부름에 해당합니다. 그러므로 철수는 위 질문에 대해 '① 예'라고 답을 하면 됩니다.

최근에는 스마트폰의 핫스팟, 테더링 기능을 통하여 무선인터넷 데이터를 상납하는 '와이파이 셔틀'까지 등장하였는데, 이처럼 학교폭력은 단순한 물리적 폭행에서 벗어나 점점 더 다양화되고 있음을 알 수 있습니다.

철수는 설문지를 작성하면서 '학교폭력을 당했을 때 어떤 대처 방법이 있을까?' 하는 점이 궁금해졌습니다. 무엇보다 만약 자신이 학교폭력 피해를 입었다면 그 사실을 담임 선생님이나 부모님 등 외부에 알리는 것이 중요합니다. 왜냐하면 학교폭력은 단순히 혼자서 해결할 수 있는 문제가 아니기 때문이죠.

이렇게 학교폭력이 발생했을 때는 먼저 학교폭력대책심의위원회(이하 '심의위원회'라고 함)를 통해 피해 학생이 일정한 보호를 받거나 가해 학생에게 일정한 조치를 받게 하는 방법이 있습니다. 즉 심의위원회는 학교의 장이나 피해 학생 등의 소집 요청을 받거나 학교폭력이 발생한 사실을 신고 받거나 보고받은 경우 등 법에 정해진 사유에 따라 회의를 개최하는데, 심의위원회가 피해 학생의 보호, 가해 학생에 대한 선도 및 징계 등에 대한 사항을 심의하여 피해 학생과 가해 학생에 대한 조치를 교육장에게 요청하면, 교육장은 그 요청에 따라 일정한 조치를 하게 됩니다. 피해 학생에 대한 조치에는 심리 상담 및 조언, 일시 보호, 치료 및 요양, 학급 교체 등이 있고, 가해 학생에 대해서는 서면 사과, 접촉·협박 및 보복 행위 금지, 학교에서의 봉사, 사회봉사, 학교 외 전문가에 의한 특별교육 이수 또는 심리 치료, 출석 정지, 학급 교체, 전학, 퇴학 처분(가해 학생이 의무교육 과정에 있는 초등학생, 중학생인 경우는 적용하지 않음)이 있습니다.

철수의 사례에서는 설문지에 학교폭력을 당한 사실을 기재하거나 담임 선생님께 학교폭력 피해 사실을 말해서 심의위원회를 통해 보호를 받을 수 있습니다.

다음으로 피해 학생은 '117'로 전화를 하여 학교폭력 신고 및 상담을 받을 수 있고, '#0117'로 문자 상담도 받을 수 있으며, 그 밖에 학교폭력에 대한 인터넷 상담(Wee센터)도 가능합니다. 만약 철수가 설문지에 학교폭력 피해 사실을 기재하는 것이 곤란하거나 담임 선생님께 말하기 힘든 사정이 있다면 인터넷이나 전화를 이용하여 전문가로부터 학교폭력에 대한 상담을 받으면 되겠죠?

그 밖에 가해 학생을 상대로 민형사상 소송을 제기하는 것도 가능할까요? 물론 가능합니다. 가해 학생이나 부모님, 보호 감독자 등을 상대로 민사상 손해배상 청구를 할 수 있고, 가해 학생을 수사기관에 고소하여 형사처벌을 받게 할 수도 있습니다. 다만 이 사안에서는 가해 학생인 광박이가 중학교 2학년(만 14세)이므로 「민법」상 책임을 면하게 되고, 「형법」에 따른 형사처벌도 받지 않게 됩니다. 다만 만 14세 미만이라도 민사적으로 광박이의 부모님이 광박이를 대신한 보호자의 관리·감독상의 책임을 져야할 수 있고, 형사적으로 광박이가 「소년법」에 따른 보호처분을 받을 수는 있습니다.

02

# 수업 시간에
# 안 배운 내용을
# 시험문제로 내도 될까?

**열쇠말:** 선행학습, 사교육
**관련 법:** 「공교육정상화법」

중학교 2학년 과정의 마지막 시험. 철수가 제일 좋아하는 과목인 수학 시험 시간. 시험 범위에 해당되는 교과서 문제를 열심히 풀고 또 풀었던 철수는, 수학만큼은 100점을 맞으리라는 부푼 마음으로 시험지를 받았습니다. 처음에는 순조롭게 잘 풀렸는데, 마지막 문제가 철수의 마음을 어렵게 합니다. '이상하다. 분명 안 배운 건데. 내가 시험 범위를 잘못 알았나….' 결국 두 문제는 찍고 나왔습니다. 다른 친구들도 두 문제는 이상하다는 반응입니다.

그런데 반에서 가장 공부를 잘하는 나잘난이 의기양양해하며 말합니다.

"아, 그 두 문제, 그건 내년에 중3 올라가면 배울 거야. 난 학원에서 미리 공부했는데, 그 문제 정말 쉬운 거야."

나잘난의 잘난 척을 듣고 있으니 철수는 더 화가 납니다. 철수는 이 억울함을 누구에게 호소할 수 있을까요? 분명 중학교 2학년 수학 교과서에서는 가르치지 않는 내용입니다. 철수는 문득 학교식당 게시판에서 본 포스터가 떠올라, 식당으로 달려갔습니

공교육 정상화 포스터

다. 아, 바로 이 포스터다!

「공교육정상화법」? 도대체 이런 법도 있었나 싶은 생각이 듭니다. 「공교육정상화 촉진 및 선행교육 규제에 관한 특별법」의 약칭으로 학부모의 경제적 부담을 덜고 학교 내 공정한 경쟁과 교사들의 정상적인 수업을 촉진하여 학생의 창의력 계발 및 인성 함양을 포함한 전인적 교육을 위해 제정된 법입니다.

그럼 이 법률에 "학교 시험은 수업 시간에 배운 내용에서만 출제해야 한다."는 내용이 있을까요? 「공교육정상화법」(시행령 포함)에는 학교의 다음 3가지 평가 행위를 금지하고 있습니다.

(1) 자필 평가, 수행 평가 등 학교 시험에서 학생이 배운 학교 교육과정의 범위와 수준을 벗어난 내용을 출제하여 평가하는 행위(「공교육정상화법」 제8조 제3항 제1호)

(2) 각종 교내 대회에서 학생이 배운 학교 교육과정의 범위와 수준을 벗어난 내용을 출제하여 평가하는 행위(「공교육정상화법」 제8조 제3항 제2호)

(3) 입학이 예정된 학생을 대상으로 해당 학교 입학 단계 이전 교육과정의 범위와 수준을 벗어난 내용을 출제하여 평가하는 행위(「공교육정상화법 시행령」 제3조 제2호)

학교에서 치러지는 시험은 이름이 어떠하든 "배운 내용"에서만 출제하도록 법에 엄격히 규제하고 있습니다. 그럼 이와 같은 규정에 의하면 철수가 치른 시험에 출제된 문제는 어떻게 처리될까요? 「공교육정상화법」에 이와 관련된 규정이 없으니 행정 법규를 위반하였다고 하여 무조건 시험문제가 무효가 된다고 해석할 수는 없습니다. 다만, 교육청에 정식으로 문제 제기를 할 경우 학교에서는 이 문제를 채점에서 제외하거나 재출제 후 재시험을 치르는 방법으로 학생들에게 불이익이 돌아가는 일이 없도록 조치를 취할 수 있지 않을까 싶습니다.

그럼 나잘란처럼 학원에서 미리 공부를 하는 건 괜찮을까요? 개인적으로 선행학습을 하는 걸 금지할 수는 없겠죠. 그러나 학원에서 선행학습을 시키는 것에 대해서 이를 금지하느냐에 대해 여러 논의가 있었습니다. 일단 현행 「공교육정상화법」은 "학원, 교습소 또는 개인 과외 교습자는 선행학습을 유발하는 광고 또는 선전을 하여서는 아니된다."(제8조 제4항)는 조항만 규정되었는데, 결국 학원에서 선행학습을 시키는 것에 대해서 원천적으로 금지시키지 못했습니다.

그러다 보니 「공교육정상화법」이 오히려 사교육을 부추기는 '사교육 활성화법'이 아니냐는 지적도 있습니다. 법의 실효성을 높이기 위해서는 학원 등에서도 선행학습을 금지시키거나 최소한 선행학습을 유발하는 광고 또는 선전 행위 시 학원 운영자를 형사처벌하는 처벌 조항이 입법화되어야 할 것입니다. 빠른 시일 내 입법 보완이 되어 「공교육정상화법」의 입법 목적이 이루어지기를 기대합니다.

# 03

# '엿 먹어라' 사건

**열쇠말:** 입학시험, 대학수학능력시험 정답과 오답, 행정소송

**관련 법:** 「수능특별법」

## '엿 먹어라' 사건

1964년 12월 7일.

지금으로부터 60여 년 전의 일입니다. 당시는 중학교에 입학할 때도 지금 수능과 같은 시험을 봐야 했습니다. 그때 시험 문제 중 하나를 소개합니다.

[문제]

다음 중 엿기름 대신 넣어서 엿을 만들 수 있는 것은 무엇인가?

① 디아스타제 ② 꿀 ③ 녹말 ④ 무즙

정답은 1번입니다. 적어도 당시 출제위원들의 생각은 그랬습니다. 그런데 4번을 정답으로 적은 학생들이 더러 있었습니다. 그 한 문제 때문에 자식이 원하는 중학교에 입학할 수 없게 되자 분개한 학부모들은 직접 행동에 나섰습니다. 4번도 정답임을 확실히 보여 주기 위해 엿기름 대신 무즙을 넣어 엿을 만들어서 교육청으로, 법원으로 달려간 것이지요. 담벼락에 엿을 붙이고는 힘차게 외쳤다고 합니다.

"여기 무즙으로 만든 엿을 가져왔다. 이래도 정답이 아니냐! 엿 먹어라!"

결국 당시 서울시 교육감, 문교부(지금의 교육부) 차관 등이 사표를 내고, 38명의 불합격생이 정원 외 입학을 하는 것으로 사건은 마무리되었습니다.

2014년 12월 9일. '2014학년도 대학수학능력시험 피해자 대학입학지원에 관한 특별법안'(「수능특별법」)이 국회 본회의를 통과했습니다. 그 전해(2013년)에 시행된 2014학년도 대학수학능력시험 중 세계지리 과목의 8번 문항 오류로 오답 처리된 1만 8,884명에 대해 2015학년도 대입전형에서 본인 희망에 따라 입학 또는 편입학을 선택할 수 있도록 하는 내용입니다.

이렇게 시험문제가 잘못되어 불이익을 받은 경우 어떤 구제수단이 있을까요?

먼저 민사상 손해배상 소송을 생각해 볼 수 있습니다. 하지만 시험문제 출제 오류에 따른 손해배상이 인정된 경우는 거의 없습니다. 왜냐하면, 손해배상을 인정받기 위해서는 고의 또는 과실이 인정되어야 하는데 전문 지식을 바탕으로 출제된 시험문제에 대해서는 폭넓은 재량(자유 재량)이 인정되기 때문에 출제자의 과실을 인정하기가 어렵기 때문이죠(의료 사고 발생 시 의사에 대한 손해배상이 쉽게 인정되지 않는 것과 마찬가지입니다).

그렇다면 행정소송은 어떨까요? 행정소송이란 쉽게 말해 행정기관의 처분이 위법함을 다투는 것입니다. '엿 먹어라 사건'에서 국가가 중학교 입학을 불허한다는 내용의 통지를 한 경우 그것을 처분으로 볼 수 있을 것입니다. 불합격 통지(처분)가 위법함을 다투면서 그 위법성의 이유로 출제된 문제가 오류임을 밝혀낸다면 불합격 처분이 취소될 수 있겠지요. 그런데 그러기 위해서는 출제된 문제가 오류임이 객관적으로 밝혀져야 합니다. 그러나 앞에서 말한 '자유 재량'이 인정되기 때문에 이 방법도 쉽지는 않습니다.

국가나 학교를 상대로 임시의 지위를 정하는 가처분 신청을 할 수도 있습니다. 본안 재판은 시간이 많이 걸리기 때문에 판결을 기다리는 사이 입시가 끝나 버릴 수도 있으니 입시에 지장이 없도록 신속하게 1등급 지위에 있음을 법원이 확인해 달라는 내용이지요. 2014년 8월 21일자 《경북일보》 기사를 읽어 볼까요?

대구의 한 여고생이 중간고사 시험문제의 복수 정답을 인정해 달라며 학교 재단을 상대로 낸 가처분 신청을 법원에서 받아들였다.

대구지법 제20 민사부(손봉기 부장판사)는 20일 대구 모 여고 3학년 A(18) 양이 학교 재단을 상대로 낸 '임시의 지위를 정하는 가처분' 신청을 받아들여 "A 양이 문학 I 과목 석차 등급이 1등급 지위에 있다고 임시로 정한다."로 결정했다.

재판부는 결정문에서 "2015년 대학 수시 전형 일정이 시작되는 만큼 가처분이 받아들여지지 않으면 신청인에게 회복하기 어려운 손해와 급박한 위험이 발생할 우려가 있다고 판단된다."고 밝혔다.

이어 "객관식 시험문제의 정답 선정은 시험위원의 자유 재량에 속한다 보더라도 2개 이상의 보기 가운데 어느 하나가 더 확실한 정답으로 우선한다고 단정하기 어려운 상황에서 1개의 보기만 정답으로 처리한 것은 재량권의 범위를 넘어선 것으로 봐야 한다."고 덧붙였다.

A 양은 지난 4월 중간고사 문학 I 과목 시험을 치르고 나서, 한 문제의 정답이 자신이 고른 답과 다르자 자신이 고른 답도 정답(복수 정답)으로 인정돼야 한다며 학교 측에 이의를 제기했다. 그러나 학교 측이 이의 신청을 받아들이지 않아 해당 과목의 석차 등급이 2등급이 되자 가처분 신청을 냈다.

이렇게 법적인 구제 수단이 있기는 하지만, 현실적으로 불이익을 받은 학생이 이렇게까지 나서기는 쉬운 일이 아닐 겁니다. 그래서 2014년 「수능특별법」은 사회적 파장을 고려해 국회가 먼저 나서 소송 외적인 방법으로 구제 조치를 마련했다는 점에서 긍정적으로 평가될 수 있습니다. 하지만 결국 피해자들이 고스란히 허비한 1년에 대해 충분한 보상이 될 것인지는 가늠하기 어렵습니다.

'엿 먹어라 사건' 이후로 60년이 지났습니다. 우리 사회는 많이 달라졌을까요? 일련의 사건들을 보면 여전히 크게 달라진 건 없는 것 같아요. 그렇다면 앞으로 60년이 지난 후에도 이런 문제는 되풀이될 수밖에 없는 걸까요? '엿 먹어라'는 말이 욕설이 아니라 정말로 맛있는 것 좀 함께 먹자는 덕담이 되는 나라에서 살 수는 없을까요?

# 04
# 부정행위의 유혹

**열쇠말:** 대학수학능력시험, 대리시험

**관련 법:** 「대학수학능력시험 부정행위자 처리 규정」, 「고등교육법」

오늘은 대학수학능력시험이 있는 날. ○○외고 2학년에 재학 중인 철수 누나는 수능을 치르는 학교 선배들을 응원하기 위해 아침 일찍 인근 시험장으로 출발하였습니다. 올해도 어김없이 '수능 한파'가 찾아왔지만 수능 대박을 기원하는 학생들의 응원 열기를 꺾지는 못했습니다.

'선배님~ 재수 없어요! 수능 대박 나세요~ ○○외고 파이팅!!'

내년이면 고3이 되는 철수 누나. 1년 앞으로 다가온 수능을 생각하니 눈앞이 캄캄해졌습니다. '벌써 고3이라니… 시험장에 들어가면 얼마나 떨릴까? 공부한 것들이 기억이 날까? 누가 대신 시험 좀 봐 줬으면… 아니 정답을 알려 주면 좋겠어. 아니야, 아무리 힘들어도 부정행위를 하면 안 되겠지….' 정말 누구나 한번쯤 누군가 대신 시험 좀 봐 주면 좋겠다는 생각을 해 봤을 것입니다.

그럼 대학수학능력시험에서 부정행위를 한 사람을 처리하는 규정이나 심의기관이 따로 있을까요? 교육부는 대학수학능력시험에서 부정행위를 한 자에 대한 처리와 관련된 사항을 규율하기 위하여 훈령*으로 「대학수학능력시험 부정행위자 처리 규정」을 제정하여 시행하고 있습니다. 그리고 이 규정에 따라 교육부에는 시험에서 부정행위를 한 자에 대한 심의를 위한 수능부정행위심의위원회를 두고 있습니다.

만약 부정행위를 하다가 적발되면 어떻게 될까요? 그리고 부정행위를 한 사람은 어떤 처벌을 받게 될까요? 교육부 장관은 대학 입학전형 자료로 활용하기 위하여 대통령령으로 정하는 시험인 대학수학능력시험을 시행하고 있는데, 만약 이 시험에서 부정행위를 한 자가 있다면 부정행위자에 대해서 그 시험은 무효가 됩니다. 또한 1년 동안 시험의 응시 자격이 정지됩니다(「고등교육법」 제34조 제3항, 제5항 및 「대학수학능력시험 부정행위자 처리 규정」 제8조 제1항).

다만, 시험의 공정한 관리를 위하여 금지된 물품을 소지 또는 반입하거나 응시 과목의 시험 종료령이 울린 후에도 계속해서 종료된 과목의 답안을 작성하거나 수정하는 행위 등 교육부 장관이 정하는 경미한 부정행위를 한 사람에 대하여는 당해 시험을 무효로 하지만, 응시 자격은 정지하지 않습니다(「고등교육법」 제

---

* 훈령: 상급 관청이 하급 관청의 권한 행사를 지휘하기 위하여 발하는 명령입니다. 직무 수행에 관한 지침을 시달하고 법령 해석에 통일을 기할 목적으로 발하여집니다.

34조 제5항 단서, 「대학수학능력시험 부정행위자 처리 규정」 제8조 제2항).

드물지만 가끔 수능시험을 대리로 응시했다가 발각되는 일이 있지요. 이렇게 수능시험에 대리로 응시하거나 답을 알려 주는 방법으로 부정행위를 한 사람은 어떤 처벌을 받을까요? 대리 응시자나 시험장에서 답을 알려 준 수험생은 교육부 장관(출제 기관 한국교육과정평가원)이 관리하고 있는 건조물(시험장)을 침입하고, 위계로서 공무원의 시험 관리 등 직무 집행을 방해한 경우에 해당하므로 「형법」상 건조물 침입(「형법」 제319조 제1항) 및 위계에 의한 공무 집행 방해(「형법」 제137조)의 죄책을 지게 됩니다.

여기서 위계란 속임수를 말하는데, 대리시험이라는 게 본래 시험을 봐야 할 응시자가 아닌 다른 사람이 그 응시자인 척 속이고 시험을 보는 것이기 때문에 시험 관련 공무원에게 속임수를 썼다고 보는 것이지요. 그리고 위계 공무 집행 방해죄(대리시험)를 저지를 목적으로 시험장에 들어간 것도 건조물 침입죄라는 별도의 범죄가 되기 때문에 수능 대리시험은 2가지 범죄를 저지른 게 됩니다.

만약 이에 더하여 감독관의 신분증 제시 요구에 대하여 위조한 타인의 신분증(예: 주민등록증)을 보여 주는 경우에는 공문서 위조 및 행사(「형법」 제225조, 제229조) 등 문서에 관한 죄책을 추가로 지게 됩니다.

실제로 이런 부정행위로 인해 형사처벌을 받은 사례가 있습니

대통령령으로 정하는 시험인 대학수학능력시험을 시행하고 있는데, 만약 이 시험에서 부정행위를 한 자가 있다면 부정행위자에 대해서 그 시험은 무효가 됩니다.

다. 2005학년도 대학수학능력시험에서 전국적으로 수많은 수험생들이 대리시험을 치르거나 휴대전화를 이용하여 답을 전송하는 방법으로 부정행위를 한 사건이 있었는데, 2005년 1월 27일 광주지방법원은 휴대전화를 이용하여 부정행위를 저지른 혐의(위계에 의한 공무집행방해)로 기소된 윤 모 군 등 31명에 대한 선고 공판에서 부정행위를 주도한 피고인 7명에 대해 징역 8월에 집행유예 1년, 사회봉사명령 40시간 이수를 명하였고. 나머지 24명에 대해서는 가정법원 소년부로 송치하였습니다.[*]

---

[*]  https://n.news.naver.com/mnews/article/052/0000065494 2005년 1월 27일자 YTN 뉴스

**10대와 통하는 생활 속 법률 문해력**

# 6장

## 몰라도 죄, 모르면 손해

# 01

# 핸드폰으로
# 자신도 모르게
# 소액결제가 되었다면?

**열쇠말:** 소액결제, 과실 상계, 손해배상 책임

**관련 법:** 「정보통신망 이용촉진 및 정보보호 등에 관한 법률」

**핸드폰으로 자신도 모르게 소액결제가 되었다면?**

철수네 가족은 제주도 여행이 취소된 후, 여름휴가를 동해안에서 보내기로 정하였습니다. 휴가 첫날, 차가 막힐 것이 염려되어 아침 일찍 출발하였습니다. 출발한 지 4시간 정도 지나자 창밖으로 푸른 바다가 한눈에 들어왔고 시원한 파도 소리가 귓가에 들려왔습니다. 아버지는 전날까지 야근을 해서 피곤하다며 낮잠을 조금 자고 바닷가로 나오겠다고 하셨고, 철수는 어머니, 누나, 동생과 함께 모래사장으로 나갔습니다.

아버지는 누워서 알람을 맞추려고 스마트폰을 드는 순간 알 수 없는 곳에서 결제 승인과 청구 금액 30만 원이 기재된 문자를 받았습니다. 지난겨울에 동생이 아버지의 스마트폰으로 무료 어플 게임을 하던 중 실수로 게임 아이템을 20만 원어치 구입하여 소액결제가 된 경험이 있었던 터라 아버지는 다급히 발신번호로 전화를 걸었습니다.

전화를 받은 성명불상자, 그러니까 이름을 알 수 없는 누군가는 자신에게 인증번호를 알려 주면 결제 취소 및 소액결제를 차단해 주겠다고 하였고, 당황한 아버지는 그에게 인증번호와 개

> (게임어플 1234) 300,000원
> 결제완료되었습니다./
> 익월요금합산청구됩니다./
> 결제취소문의전화 070-000-0000./
>
> 오전 11:55

인정보를 알려 주었습니다.

그런데 한 달이 지난 후 아버지는 게임 회사에서 30만 원 상당의 게임 아이템을 구입했다며 이동통신사로부터 요금 청구서를 받았고 이를 납부하게 되었습니다. 스팸 문자를 통한 '피싱' 사기를 당한 것입니다. 이런 경우 철수 아버지는 이동통신사를 상대로 손해를 배상받을 수 있을까요?

이동통신사는 소비자에게 통신 과금 서비스를 제공하고 그에 따른 수익을 얻는 회사입니다. 이들 회사에는 불법 결제에 따른 피해를 방지하기 위하여 통신 과금 서비스 이용자의 동의를 얻어 모바일 소액결제의 액수 및 횟수를 설정 또는 제한하거나, 모바일 결제 과정을 엄격하게 하기 위한 별도의 절차를 마련하는 등 모바일 결제에서 일어날 수 있는 사고 예방을 위한 조치를 할 책임이 있습니다.

따라서 이동통신사가 통신 과금 서비스 제공자로서 통신 과금 서비스 이용자에 대하여 제공하는 모바일 결제 관련 통제 및 관리 수준이 사고 예방에 적절하지 않는 등의 사정이 있다면 「정보통신망 이용촉진 및 정보보호 등에 관한 법률」 제60조 제1항 본문에 따라 손해배상 책임을 부담해야 합니다.

그렇다면 이동통신사의 손해배상 책임의 범위는 어떻게 될까요? 철수 아버지는 이동통신사로부터 손해를 입은 30만 원 모두 배상 받을 수 있을까요?

안타깝지만, 아닙니다. 불법 행위나 채무 불이행으로 인한 손해배상 청구의 경우에 그 손해의 발생 또는 그 증대에 대하여 피해자에게도 과실이 있다면 배상 유무 및 손해액을 정하는 데 참작하여야 합니다. 따라서 이 사건에서 철수 아버지의 과실 비율을 따져 봐야 합니다. 물론 사기를 치는 사람이 나쁘지만, 정확하게 확인하지 못한 철수 아버지의 잘못도 조금은 있으니까요. 따라서 철수 아버지의 과실 비율만큼 상계*를 하여 이동통신사의 손해배상 책임의 범위가 정해집니다(「민법」 제396조, 제763조). 이를 과실 상계라고 합니다.

---

* 상계: 법률 채무자와 채권자가 같은 종류의 채무와 채권을 가지는 경우에, 일방적 의사 표시로 서로의 채무와 채권을 같은 액수만큼 소멸하거나 또는 그런 일을 말합니다.

# 02

# 이곳은 쓰레기 버리는 곳이 아닙니다

**열쇠말:** 쓰레기 무단 투기, 경범죄
**관련 법:** 「경범죄 처벌법」, 「폐기물 관리법」,
폐기물 관리에 관한 조례

## 이곳은 쓰레기 버리는 곳이 아닙니다

철수네는 여름이면 즐겨 찾는 해수욕장이 있습니다. 이번 여름에도 가족들이 그곳을 찾았습니다. 오랜만에 햇빛을 만끽하며 바다 수영을 즐기고 있는데 갑자기 발바닥에 통증이 느껴졌습니다. 급하게 물 밖으로 나와 발바닥을 살펴보니 유리병 조각이 박혀 있었습니다. 그러고 보니 해수욕장 주변은 쓰레기 천지였습니다. 사람들이 제멋대로 버린 쓰레기들이 여기저기 널브러져 있었습니다. 무심코 걷다가는 철수처럼 다칠 위험이 커 보였습니다.

우리나라에서 여름 휴가철 가장 많은 사람들이 찾는 부산 해운대에서 하루 동안 나오는 쓰레기의 양이 과연 얼마나 될까요? 한 언론사의 기사에 의하면 하루 쓰레기 양이 8톤을 넘었다고 합니다. 대부분은 제대로 된 장소에 버린 것이 아니라 무단 투기된 쓰레기입니다. 이런 무단 투기를 처벌하는 법률에는 크게 두 가지가 있습니다. 하나는 「경범죄 처벌법」입니다.

경범죄에 대한 처벌은 경찰관이 적발하여 경찰서장이 내리는 통고 처분에 의해 이루어지는데 사실 경찰관에게 적발되는 경우는 흔하지 않습니다. 경찰관 바로 앞에서 쓰레기를 버리지 않는 한 이 법으로 처벌하기는 어렵습니다.

---

**「경범죄 처벌법」**

제3조(경범죄의 종류) ① 다음 각호의 어느 하나에 해당하는 사람은 10만 원 이하의 벌금, 구류 또는 과료(科料)의 형으로 처벌한다.

11. (쓰레기 등 투기) 담배꽁초, 껌, 휴지, 쓰레기, 죽은 짐승, 그 밖의 더러운 물건이나 못쓰게 된 물건을 함부로 아무 곳에나 버린 사람

---

또 하나는 「폐기물 관리법」입니다. 이 법 문구는 우리 주위에서 많이 볼 수 있지요. 바로 각 지방자치단체에서 과태료를 부과할 수 있는 근거입니다.

---

**「폐기물 관리법」**

제8조(폐기물의 투기 금지 등) ① 누구든지 특별자치시장, 특별자치도지사, 시장·군수·구청장이나 공원·도로 등 시설의 관리자가 폐기물의 수집을 위하여 마련한 장소나 설비 외의 장소에 폐기물을 버리거나, 특별자치시, 특별자치도, 시·군·구의 조례로 정하는 방법 또는 공원·도로 등 시설의 관리자가 지정한 방법을 따르지 아니하고 생활 폐기물을 버려서는 아니 된다.

제68조(과태료) ③ 다음 각호의 어느 하나에 해당하는 자에게는 100만 원 이하의 과태료를 부과한다.
1. 제8조 제1항 또는 제2항을 위반하여 생활 폐기물을 버리거나 매립 또는 소각한 자

---

이 법률에 따라 해당 지방자치단체는 폐기물 관리 관련 조례 (예: 안산시 폐기물 관리에 관한 조례)를 가지고 있는데, 그 조례에 따라 과태료를 부과하고 있습니다. 과태료의 부과 기준은 「폐기물 관리법 시행령」 별표 8에 자세히 기재되어 있는데요. 휴식 또는 행락 중 발생한 쓰레기를 버린 경우 적게는 20만 원, 많게는 100만 원의 과태료가 부과됩니다.

특히 생활 폐기물 중에서 다른 폐기물과 달리 악취가 심한 음식물 쓰레기는 여러 이유로 별도 관리되고 있습니다. 각 지방자치단체는 '폐기물 관리에 관한 조례' 이외에 '음식물류 폐기물의 발생 억제, 수집·운반 및 재활용에 관한 조례'를 가지고 있습니다.[*]

그럼 이런 법률을 위반하지 않는 올바른 음식물 쓰레기 처리 방법은 무엇일까요? 이에 대해 관련 조례는 아주 친절히 설명하고 있습니다.

---

- 이물질을 제거하고, 물기는 최대한 제거하여 규격 봉투 또는 전용 수거 용기에 물이 고여 있지 않도록 배출
- 소금 성분이 많은 된장·고추장·간장·김치 등은 헹구어 배출
- 비닐·병뚜껑·패각류·복어 내장·티백 등 딱딱하거나 유해하거나 포장되어 재활용을 어렵게 하는 물질은 반드시 제거 후 배출

---

만약 이와 같은 규정을 지키지 않고 음식물 쓰레기를 버린다면 해당 지방자치단체가 100만 원 이하의 과태료를 부과할 수 있도록 하고 있습니다.

---

[*] 조례의 정확한 명칭과 내용을 확인하고 싶다면 '국가법령정보센터'(http://law.go.kr)→'자치법규'를 클릭한 후 검색란에 '폐기물 관리에 관한 조례'를 검색하면 됩니다. 2024년 2월 15일 기준으로 폐기물 관리에 관한 조례는 250개가 확인됩니다.

이러한 쓰레기 무단 투기 문제는 우리나라만의 문제는 아닌 것 같습니다. 중동의 어느 나라에서는 이런 문구가 포함된 간판이 도시 전반에 걸렸는데, 나중에 알고 보니 쓰레기 무단 투기를 경고하는 것이었다고 합니다.[**]

"우리 모두 당신을 봅니다, 당신은 혼자가 아닙니다."
벽 뒤에서 엿보는 어린 소년의 실루엣과 위 문구를 포함한 광고가 카타르 도하 시내 곳곳에 걸렸습니다. 처음에는 이 광고판을 정부의 감시 또는 성범죄와 연관 짓는 사람도 있었으나 실제로는 쓰레기 무단 투기를 하지 말자는 캠페인이었습니다.

지금까지 쓰레기 무단 투기에 대한 법 규정들을 살펴보았습니다. 쓰레기 무단 투기를 근절시키기 위해 강력한 처벌 규정도 필요하지만 무엇보다 중요한 것은 환경을 사랑하는 성숙한 시민의식이겠지요.

---

[**]  https://aalieh.wordpress.com/2014/04/07/we-all-see-you/

# 03

# 친구들과의
# 카드 게임과 도박의
# 차이

**열쇠말:** 오락, 도박, 우연성, 도박죄
**관련 법:** 「형법」, 「사행산업통합감독위원회법」

## 친구들과의 카드 게임과 도박의 차이

추석 당일 아침이 되자, 큰집인 철수네는 친척들로 북적였습니다. 철수는 오랜만에 친척들을 만나게 되어 반가웠습니다. 용돈이 살짝 기대되기도 했고요. 차례를 지낸 후 철수는 친척들과 거실에 큰 상을 펼쳐 놓고 점심을 먹는데, 텔레비전에서 '추석을 앞두고 농촌 지역에서 도박판을 벌인 일당이 잇따라 검거되었다.'는 내용의 뉴스가 나왔습니다. 철수는 뉴스를 보면서 '도박은 나쁜 짓이고, 도박을 하면 처벌을 받는구나!'라는 생각을 하였습니다.

그런데 식사를 마친 후 아버지가 철수에게 '안방에 가서 담요를 가지고 와라.'고 말씀하셨고, 철수가 담요를 가지고 오자 아버지는 친척들에게 '오랜만에 이렇게 다들 모였는데, 고스톱 한판 해야지!'라고 하며 거실에 담요를 펼치셨습니다. 순간 철수는 도박을 하면 처벌을 받는다는데, 아버지가 왜 도박을 하려고 하는지 도무지 이해가 되지 않았습니다. 철수는 아버지를 '112'에 신고해야 하나 고민이 잠깐 들었습니다.

도박은 범죄일까요? 우리나라 「형법」은 "재물로써 도박한 자는

500만 원 이하의 벌금 또는 과료에 처한다."는 도박죄 처벌 규정을 두고 있습니다. 만약 상습으로 도박을 하면 "3년 이하의 징역 또는 2천만 원 이하의 벌금"으로 처벌받습니다(「형법」제246조). 그러니 도박은 범죄라는 말입니다.

그렇다면 도박이란 무엇을 말하는 걸까요? 여러분도 수학여행을 가서 친구들과 포커라는 카드 게임을 해 본 경험이 있죠? 카드 게임을 할 때 돈내기도 하였나요? 그렇다면 여러분이 한 카드 게임도 일단 도박에 해당됩니다. 왜냐하면 도박이란 "당사자 상호 간에 재물을 걸고 우연한 승부에 의하여 그 재물의 득실을 결정하는 것"을 의미하기 때문입니다. 즉, 도박이 되기 위해서는 재물의 득실(얻고 잃는 것)이 우연에 의하여 결정되어야 하는데, 카드 게임의 승패는 우연에 의해 정해지므로 도박이 됩니다. 그래서 우연성이 없는 사기 도박의 경우에는 도박죄 자체가 성립되지 않습니다. 이때의 우연성은 도박 가담자 모두에게 존재해야 합니다. 그런데 사기 도박은 한쪽(사기꾼)이 결과를 좌우하므로 우연히 결과가 결정된다는 '우연성'이 적용되지 않아 사기 도박자는 사기죄가 성립하지만, 가담한 상대방에게는 도박죄가 성립하지 않습니다(사기죄의 피해자가 되는 것이죠).

그런데 여러분은 수학여행에서 카드 게임을 하였는데도 처벌을 받지 않았습니다. 그 이유는 무엇일까요? 그것은 '다만, 일시 오락 정도에 불과한 경우에는 예외로 한다.'는 단서 규정 때문입니다(『형법』 제246조 제1항 단서. '단서' 규정이란 법에서 "다만", "단" 같은 말로 시작하는 문장을 말합니다). 여러분은 도박을 하려던 게 아니라 잠깐 친구랑 놀기 위해 카드 게임을 한 것이지요. 이렇게 잠깐 놀기 위해 하는 걸 '일시 오락 정도'라고 표현합니다. 만약 여러분이 '일시 오락 정도'를 넘어선 카드 게임을 하였다면, 경찰서에서 조사를 받고 처벌을 받았을 수도 있겠죠?

그런데 '일시 오락 정도'라는 것이 어떤 경우인지 참 애매합니다. 이에 대하여 대법원은 '도박의 시간과 장소, 행위자의 사회적 지위 및 재산 정도, 도박 그 자체의 흥미성 및 근소성 등'의 여러 사정을 고려하고 있답니다(대법원 1984. 7. 10. 선고 84도1043 판결 등).

결국 도박죄가 성립되는지 여부는 '도박의 시간과 장소, 행위자의 사회적 지위나 재산 정도, 도박에 건 재물의 가액, 도박으로 인한 이득의 용도 등'의 사정을 종합하여 '일시 오락 정도'에 그치는지 여부를 구체적인 사안마다 개별적인 판단을 거쳐 보아야 알 수 있는 겁니다. 한마디로 그때그때 다르다는 것이지요.

여러분 중에는 '카지노'는 도박인데 왜 처벌을 하지 않는지 궁금해하는 학생이 있을 겁니다. 우리나라에서는 '카지노, 경마, 경정, 경륜, 복권, 체육진흥투표권(스포츠 토토), 전통 소싸움 등에 대해 도박이기는 하지만 사행 산업으로 규정하고 이를 특별법으로 허용하고 있습니다. 사행 산업은 말이 좀 어려운데, 사전적인

도박죄가 성립되는지 여부는 구체적인 사안마다 개별적인 판단을 거쳐
보아야 알 수 있는 겁니다. 한마디로 그때그때 다르다는 것이지요.

설명에 의하면 '이용자로부터 금품을 모아 우연의 결과에 의하여 특정인에게 재산상의 이익을 제공하고 다른 참가자에게 손실을 주는 산업' 분야를 말합니다. 이용자로부터 돈을 받아 우연의 결과에 의하여 누구는 돈을 따고 누구는 돈을 잃게 되는 산업이지요. 모든 도박을 항상 금지하기보다는 일정한 도박은 합법으로 보아 "사행 산업이 건전한 여가 및 레저 산업으로 발전해 나가도록 함으로써 국민의 복지증진에 이바지"(「사행산업통합감독위원회법」 제1조)하겠다는 것이지요.

도박은 무조건 처벌되어야 할까요? 여러분의 생각은 어떠신가요?

# 04

# 실수로 저지른 잘못을 처벌할 수 있을까?

**열쇠말:** 실수, 범죄, 미성년자, 형사 미성년자

**관련 법:** 「소년법」, 「형법」, 「민법」

**2023년 9월 30일. 추석 다음 날 철수의 일기**

나는 오랜만에 사촌 동생들과 만나 무슨 놀이를 할까 고민했는데, 동네 어디선가 폭죽 터뜨리는 소리가 들렸다. "아하, 역시 명절에는 폭죽이지." 하는 생각에 사촌 동생들을 데리고 문방구에 가서 폭죽을 종류별로 샀다. 먹을 것을 사 달라고 조르는 사촌 동생들에게 아이스크림 하나씩을 입에 물린 채 터벅터벅 집에 걸어왔다. 아직도 집에서는 "고~ 스톱~" 하는 왁자지껄한 소리가 가득하다. 엄마, 아빠의 얼굴이 약간 상기된 것을 보면 돈을 조금 잃으셨나 보다. 맨날 잃을 것을 왜 명절마다 하는지 도무지 모르겠다. -.-

오랜만에 올라온 옥상. 사 온 폭죽을 열어 하나씩 불을 붙여 본다. 생각보다 화력이 별로다. 1년에 한 번씩 한강변에서 진행하는 불꽃놀이를 자주 본 사촌 동생들은 시시하다며 내려가자고 한다. 이렇게 그냥 내려갈 수는 없지. '남은 폭죽을 한 번에 불을 붙이면 그래도 멋있게 보이겠지.' 하는 생각이 들어 그렇게 해 본다.

우와, 생각보다 소리가 크다. 아, 근데 옆집 아주머니의 비명 소리가 들린다. 왜일까? 걱정스런 마음에 옆집으로 고개를 돌려 보니 옆집 나무가 불에 타고 있다. 이런, 어쩜 좋지….

어른들의 고스톱은 끝이 났고, 나는 태어나서 처음으로 119 소방차가 불 끄는 모습을 바로 눈 앞에서 보게 되었다.


철수가 일부러 그런 것은 아니지만 실수로 인해 불이 난 것은 사실입니다. 철수는 이제 경찰서에 잡혀가는 걸까요? 타 버린 나무 값도 배상해야 할까요? 그런데 철수는 아직 만 13세입니다.

일단 이 사건과 같이 실수로 불을 내서 다른 사람이 소유하는 나무를 불타게 하였다면 「형법」상 실화죄(「형법」 제170조)로 처벌됩니다. 다만 철수는 만 14세 미만의 형사 미성년자로 「형법」에 따른 형사처벌을 받지는 않습니다(「형법」 제9조 "14세 되지 아니한 자의 행위는 벌하지 아니한다.").

그러나 14세 미만이더라도 「소년법」에 따라 보호처분을 받을 수는 있습니다. 보호처분은 「형법」상 처벌과는 달리 10세 이상 14세 미만인 소년을 "보호"하겠다는 것이지만, 소년원에 가서 특별 "보호"를 받아야 하는 경우도 있으니 조심해야 합니다.

실수로 불을 내서 다른 사람 소유의 나무를 불타게 하였다면 「형법」상 처벌뿐만 아니라 「민법」상 손해배상 책임도 지게 되는 것이 원칙입니다. 그런데 우리 법원은 만 15세 미만인 경우 보통 손해배상 책임을 부정해 왔습니다. 결국 철수는 만 13세로 「민법」상 배상 책임을 면하니 옆집 나무 값을 물어 줄 필요가 없지만, 옆집 아주머니는 대신 철수 부모님이 배상해야 한다고 주장합니다. 정말 이런 경우 부모님한테 법적 배상 책임이 있을까요?

이에 「민법」은 원칙적으로 부모에게 책임이 있다고 규정하고 있습니다. 다만 예외적으로 부모가 감독 의무를 게을리한 과실이 없음을 입증하였을 때는 책임을 면할 수 있도록 되어 있습니다. 이 사건의 경우 철수가 불꽃놀이를 하는 그 시간 부모님은 철수가 무엇을 하든 상관없이 고~스톱에 빠져 있었기 때문에 '감독 의무를 게을리한' 책임을 면하기는 어려워 보입니다.

고등학교 1학년생(16세)이 이런 일을 했다면 어떻게 될까요? 고등학교 1학년이면 철수와 마찬가지로 미성년자(만 19세 미만)인 것은 같습니다. 하지만 이 경우 형사 미성년자(만 14세 미만)는 아닙니다. 형사처벌이 면제되는 대상은 아니라는 뜻입니다. 따라서 죄를 지으면 「형법」상 처벌을 받을 수 있고 「민법」상 손해배상 책임도 집니다. 당장 돈이 없다고 해도 그 책임에서 벗어날 수는 없습니다.

그럼 이런 경우, 그러니까 자녀가 직접 법적인 책임을 지는 경우에도 부모님이 함께 「민법」상 책임을 질까요? 이에 대해서는 두 가지 견해가 있을 수 있습니다. 하나는 자녀가 손해배상 책임을 지니까 부모에게는 원칙적인 책임이 없다. 또 하나는 자녀가 미성년자일 경우에는 자녀가 책임을 지든 안 지든 부모도 함께 책임이 있다.

이에 대해 우리나라 법원의 기본적인 입장은 첫 번째입니다. 다만 부모가 자녀를 제대로 돌보지 않아 일어난 사고에 대해서는 예외적으로 부모가 손해배상 책임을 지게 됩니다. 아래의 두 가지 판례를 보면 법원의 입장을 좀 더 이해할 수 있습니다.

**사례 1: 이미 폭력 사건으로 문제를 일으켜 여러 차례 처벌받은 전력이 있는 자녀들이 또다시 폭력으로 다른 친구들에게 피해를 가한 사례**

부모들은 아이들의 종전의 행적에 비추어 그들의 일상생활에 관하여 "일반적, 일상적으로 보다 투철하게 감독할 의무"를 지니고 있다 할 것인데 이들이 타인에게 손해를 가하는 것을 예견하거나 예견할 수 있는 상태에 있음에도 이를 방임하는 등 친권자로서의 감독 의무를 해태한 과실이 인정된다고 판단하여 그 부모도 손해배상 책임을 인정. (대법원 1991.4.9. 선고 90다18500 판결)

**사례 2: 미성년 자녀가 오토바이 운전 중 교통사고를 일으켜 다른 사람을 다치게 한 사례**

고등학생이 사고 이전 8개월 전부터 원동기장치자전거 운전면허를 취득하였고 상대방의 입증만으로는 부모들이 아이에 대한 감독을 게을리한 과실이 있고, 그로 말미암아 위 사고가 발생하였다고 인정하기에 부족하고 달리 증거가 없으므로 부모의 손해배상 책임 불인정. (대법원 1994.02.08. 선고 93다13605 판결)

요즈음 자신이 형사처벌 대상이 안 되는 나이라는 점을 이용해 범죄를 저지르는 어린 친구들 이야기가 가끔 뉴스에 나오기도 합니다. 자신들의 의도처럼 운 좋게 법적 처벌은 피했을지 모르지만, 범죄를 저질렀다는 사실은 없어지지 않습니다. 언제나 자신의 행동에 따르는 결과를 생각하고 책임감 있게 대하는 자세가 무엇보다 필요합니다.

## 05

# 왜 유언한 대로
# 상속되지 않는 거죠?

**열쇠말:** 유언, 상속, 외국인 상속, 유류분
**관련 법:** 「민법」, 「신탁법」

## 왜 유언한 대로 상속되지 않는 거죠?

철수의 막냇삼촌은 국제결혼을 했고 얼마 전 조카를 출산했습니다. 숙모는 베트남 국적인데 삼촌과 나이 차가 20살 정도 났습니다. 철수는 처음에 한국말도 잘 못하고 한국 사람과 다르게 생긴 숙모가 불편했지만 지금은 오히려 삼촌보다 자신과 나이 차가 얼마 안 나는 숙모와 더 가까워졌습니다.

철수는 누나, 숙모와 함께 잠시 TV를 켰습니다. TV에서는 특집극이 방영 중이었는데, 할아버지가 돌아가시기 전 유언을 하는 장면이었습니다. 할아버지는 형제들이 전부 모인 자리에서 모든 재산을 장남에게 물려준다고 유언했습니다. 언제나 그렇듯 유언 후 할아버지가 돌아가시자 형제들끼리 재산을 놓고 싸움을 벌이는 것이었습니다. 이른바 '막장드라마'의 뻔한 스토리라서 채널을 돌리려는 찰나, 누나가 대뜸 "저런 경우에는 다른 형제들도 상속을 받을 수 있어."라고 하면서 상속과 관련된 이야기를 꺼냈습니다. 누나가 학교 수업 시간에 유언과 상속에 대한 이야기를 매우 잘 배운 거 같으니 그 이야기를 따라가 보겠습니다.

숙모: 할아버지가 유언했으니, 그 말대로 당연히 장남이 다 갖는 거 아니야?

누나: 아니에요 숙모. 제가 학교에서 '법과 정치' 시간에 배웠어요. 저런 경우에도 장남이 다 갖는 게 아니에요. 그리고 숙모 같은 외국인도 상속받을 수 있어요.

철수: 누나, 그럼 애완견에게도 유언할 수 있어?

누나: 아니, 우리나라에서는 애완견에게 유언할 수 없어.


철수는 문득 누나가 말한 게 정말인지 궁금해서 '법과 정치'라는 교과서를 찾아봤지만 누나가 말한 부분을 찾지 못했습니다. 누나의 말은 모두 사실일까요?

먼저 철수의 숙모가 상속받을 수 있는지부터 살펴보겠습니다. 우리나라 「민법」은 '배우자의 상속권'을 규정합니다. 이때 배우자가 반드시 한국인이어야 한다는 규정은 없습니다. 따라서 철수의 숙모는 외국인이지만 상속을 받을 수 있습니다. 또한 배우자의 상속분은 다른 상속인의 1.5배입니다.

예를 들어, 철수의 삼촌이 1억 원을 남기고 사망한 경우 아이가 있다면 아이는 4,000만 원, 숙모는 6,000만 원(4,000만 원의 1.5배)을 상속받게 됩니다. 그런데 삼촌에게 아이(직계비속)도 없고, 부모님(직계존속)도 모두 돌아가셨다면 삼촌에게 아무리 형제가 많더라도 숙모 혼자서 1억 원을 전부 상속받게 됩니다. 상속 순위는 1순위 직계비속, 2순위 직계존속, 3순위 형제자매, 4순위 4촌 이내의 방계혈족인데, 1순위와 2순위가 모두 없는 경우 배우자가 단독상속을 한다는 것이 「민법」 내용이기 때문입니다(「민법」 제1000조 제1항, 제1003조 제1항). 참고로 1순위 또는 2순위가 있는 경우 배우자 단독상속이 아니라 1순위 또는 2순위와 배우자가 공동상속을 하게 됩니다.

부당한가요? 이것은 생존 배우자의 생활을 보장해 주려는 의도가 반영된 것입니다. 죽은 사람(법에서는 '피상속인'이라고 표현합니다)이 살아생전에 자신의 직계비속이나 직계존속을 부양하는 것은 당연하기 때문에 죽은 이후에도 그들이 부양받아야 할 몫을 상속분으로 떼어 주는 것입니다. 하지만 죽은 사람이 살아생전에 그 형제자매까지 부양할 필요는 없기 때문에 죽어서도 그들에게 상속분을 줄 필요가 없다는 것이지요.

반면 애완견은 상속을 받을 수 없습니다. 우리나라 법에서는 상속'인'이라는 표현을 쓰고 있기 때문입니다. 법에서 '사람'이라고 하지 않고 '인'이라고 표현하는 이유는 그것이 '법인'까지 포함해서 규정하는 경우가 많기 때문입니다. 우리가 흔히 말하는 '사람'은 법에서 '자연인'이라고 합니다. 즉 우리나라 「민법」상 사람이 아니면 절대 상속을 받을 수 없습니다. 다만 애완견의 관리를 부탁할 수는 있겠지요. 특히 「신탁법」에 의한 신탁 제도를 활용할 수 있겠습니다.

다음으로 드라마에서 할아버지가 장남에게 모든 재산을 넘겨 준다고 유언을 했는데, 이 유언은 효력이 있을까요? 이 문제를 알려면 '유류분'이라는 것을 공부해야 합니다. 유류분(遺留分)은 그 단어의 뜻으로 보면 '후세에 남기는 몫' 정도로 해석되기는 하지만 일본식 한자 표현이라 한자의 뜻을 찾아보더라도 그 정확한 의미를 알기가 어려워요.

우리나라 「민법」은 상속과 관련해 '유언에 의한 상속'과 '법정 상속' 2가지를 규정하고 있습니다. 그런데 유언에 의한 상속은 자유롭게 할 수 있지만('유언 자유의 원칙'), 그것이 법정 상속분을 침해해서는 안 된다는 의미로 유류분 제도를 만들었습니다. 유언으로 인해 법정 상속분보다 적게 상속받는 경우 유언이 없었더라면 받을 수 있었을 법정 상속분의 2분의 1 또는 3분의 1에 한해 유언으로 인해 본래보다 초과하여 상속받은 상속인들에게 반환을 요구할 수 있습니다.

예를 들어, 할아버지가 1억 원을 남기고 돌아가셨는데 자녀가 4명이 있다고 합시다. 그런데 할아버지가 1억 원을 모두 장남에게 준다고 유언한 경우라도 다른 형제들은 장남에게 각각 1,250만 원을 내놓으라고 할 수 있습니다. 그 이유가 뭘까요?

유언이 없었더라면, 자녀가 4명이니까 1억 원을 넷으로 나누어 1인당 2,500만 원을 받을 수 있었는데(이것이 법정 상속분입니다), 할아버지의 유언으로 0원을 받게 되니까 위 2,500만 원의 2분의 1인 1,250만 원을 장남에게 달라고 할 수 있는 것입니다. 결국 장남은 6,250만 원을 갖게 되고 다른 형제들은 1,250만 원씩을 갖게 됩니다. 이런 면에서 할아버지의 유언은 1인당 1,250만 원에 한해서는 효력이 없게 되는 것입니다.

조금 다른 이야기이지만 우리나라 「민법」상 남자와 여자는 상속분의 차이가 전혀 없습니다. 당연한가요? 그런데 이렇게 바뀐 지는 불과 30여 년 전입니다. 1991년 개정 시행된 「민법」 이전만 하더라도 결혼한 딸의 상속분은 남자의 4분의 1밖에 안 되었어요. 결혼한 딸은 남편의 부양을 받으니 상속 재산을 물려줄 필요가 없다는 논리였지요. 바뀐 지 30여 년밖에 되지 않았다는 게 믿기 어렵지만, 그래도 바뀌었으니 다행이라고 해야 할까요?

# 7장

# 환경도, 동물도
# 권리가 있다

# 01

# 도롱뇽, 소송을 걸다

**열쇠말:** 환경권, 터널, 고속도로, 환경 영향 평가
**관련 법:** 「환경 정책 기본법」, 「환경 영향 평가법」, 「헌법」

철수네는 여름 방학을 맞아 ○○마을에 살고 계신 할머니 댁에 가기 위해 이른 새벽부터 분주하게 움직였습니다. 차가 막힐 것이 걱정되어 아침 일찍 서둘러 출발했건만, 고속도로는 이미 피서 가는 차량으로 가득 차 있었고, 차 안은 철수의 한숨 소리와 푸념으로 가득 찼습니다.

'어휴, 날도 더운데 그냥 집에서 쉬지, 다들 어딜 가는 거야.'

구시렁구시렁 철수의 푸념이 사라질 무렵 '○○마을 앞으로 5km'라는 표지판이 눈에 들어왔고, 잠시 후 철수네 차량은 ○○터널에 진입하였습니다.

"하나, 둘, 셋⋯."

"철수야! 뭐하니?"

"아, 터널 안에 환풍기가 몇 개인지 세고 있어요."

"그건 왜?"

"얼마 전 친구하고 영화를 봤는데, 거기서 터널이 무너지는 장면이 나오더라고요. 환풍기 개수를 정확히 알아야 구출될 수 있어요. 그런데 터널이 있으면 편리한 점도 있긴 하지만 공사를 하는 과정에서 산이 훼손되고 거기에 살고 있는 동물이나 식물도 피해를 입잖아요? 나랏님들이 공사를 하기 전에 뭣이 중한지 잘 판단하셨겠지만⋯."

"철수가 요즘 환경동아리 활동을 열심히 하고 있어서 그런지 터널을 바라보는 시선이 곱지 않은 것 같구나. 예전에 천성산을 관통하는 터널 공사를 할 때 도롱뇽이 공사 착공을 금지해 달라는 소송을 한 적도 있었는데, 혹시 그 일을 아니?"

"네? 도롱뇽이 소송을 한다고요? 에이 설마요."

터널 공사를 하면 산이 훼손된다는 사실은 부인할 수 없겠지요. 환경 파괴 정도가 심하고 인근 주민들에게 수인할 수 없는 정도의 피해를 준다면 공사 자체를 금지해야 하는 것은 아닌가요? 개발과 환경, 도대체 둘 중에 무엇이 더 중한지 모르겠네요.

참고로 여기서 수인(受忍)이란 '참고 견딘다'는 뜻을 가진 일본식 한자어입니다. 정확하게는 "어떠한 혜택을 받는 반면 거기에서 파생하는 불이익이나 불편을 참지 않으면 안 되는 일"을 말합니다. 일상생활에서 거의 안 쓰는 한자라 '수인'이란 한글 표기만으로는 뜻을 알기 어렵지요. 법률 용어 중에는 이런 일본식 한자어가 굉장히 많습니다. 우리나라 근대 학문이 대부분 일본을 통해 수입된 탓이 크지요. 지금은 한글만으로 법조문을 기술하지만 과거에는 법률 용어를 몽땅 한자로 표기하던 시절도 있었습니다. 다행히 우리 정부는 법제처의 '알기 쉬운 법령 만들기' 사업 등을 통해 일본식 한자어를 우리말로 많이 고치고 있답니다.

혹시 환경권이라는 말을 들어 보셨나요? 여러분에게는 조금 생소할지 모르겠는데요. 「헌법」에는 1980년부터 국민의 기본적 권리인 환경권을 명문화하고 있습니다. 현행 「헌법」 조문을 같이 살펴볼까요?

---

**「헌법」**

제35조 ① 모든 국민은 건강하고 쾌적한 환경에서 생활할 권리를 가지며, 국가와 국민은 환경 보전을 위하여 노력하여야 한다.

② 환경권의 내용과 행사에 관하여는 법률로 정한다.

③ 국가는 주택 개발 정책 등을 통하여 모든 국민이 쾌적한 주거 생활을 할 수 있도록 노력하여야 한다.

---

「헌법」에는 환경권의 정의를 간단히 규정하고 있고, 그 구체적인 내용은 개별 법률에 위임하고 있어요. 환경권의 내용과 행사에 관하여 정하고 있는 대표적인 법률이 「환경 정책 기본법」인데, 이 법에는 공사가 환경에 미치는 영향을 미리 알아보는 절차를 마련하고 있답니다.

국민의 기본적 권리인 환경권도 무한정 인정되는 것이 아니라 일정한 한계를 가지고 있는데, 그 한계는 수인의 한도로 설명이 됩니다. 즉, 환경공해 등이 발생한다고 하더라도 그 정도가 일정한 범위 내라면 이를 참고 감수하라는 말인데요. 여러분이 수인의 한도에 대해 좀 더 쉽게 이해할 수 있도록 판례 하나를 소개할게요.

**인천지방법원 2015. 1. 23. 선고 2014가단247037 판결**

주택에서 일조, 조망, 사생활의 보호 등은 쾌적하고 건강한 주거생활을 영위하기 위한 필요불가결의 요소로서 당연히 보호되어야 하는 환경권에 해당하며, 그 침해의 정도가 수인 한도를 초과하는 경우 불법행위가 성립하게 되는데, 수인 한도를 초과하는지 여부는 피해의 정도, 피해 이익의

성질 및 그에 대한 사회적 평가, 가해 건물의 용도, 지역성, 토지 이용의 선후관계, 가해방지 및 피해 회피의 가능성, 공법적 규제의 위반 여부, 교섭 경과 등 제반 사정을 종합적으로 고려하여 판단하여야 할 것인데, 특히 일조량은 인공적으로 이를 증가시킬 수 없는 것으로서 동지일을 기준으로 09:00부터 15:00까지 사이의 6시간 중 일조 시간이 연속하여 2시간 이상 확보되는 경우 또는 동지일을 기준으로 08:00부터 16:00까지 사이의 8시간 중 일조 시간이 통틀어 4시간 이상 확보되는 경우 그 침해가 수인 한도의 범위 내에 있고, 위 두 가지 중 어느 것에도 속하지 아니하는 경우에는 일조권의 침해가 수인 한도를 초과한다고 할 것이다.

---

다시 도롱뇽 이야기로 돌아가 볼까요?

정부는 1989년 5월 8일경 경부고속철도 건설 방침을 정하고 1990년 6월 15일경 사업 계획 및 서울-천안-대전-대구-경주-부산을 지나는 기본 노선을 확정하였어요. 이후 경부고속철도 건설 사업을 위하여 설립된 한국고속철도건설공단(현 국가철도공단)은 1992년 4월경 경부고속철도 노선 중 부산·경남권 노선 건설을 위하여 필요한 환경 영향 평가서를 작성하고 1993년 9월경 환경처 장관(현 환경부 장관)에게 협의를 요청하여 1994년 11월 2월경 협의 내용을 통보받았어요. 이 계획 중에 부산·경남권 노선에는 천성산을 관통하는 길이 약 13.5킬로미터의 원효터널의 건설이 계획되어 있었는데, 불교계와 환경단체를 중심으로 이 터널의 안정성과 환경에 미치는 영향에 대한 문제 제기가 일어 노선의 재검토를 요구하는 목소리가 높아졌어요. 참고로 구체적인 환경 영향 평가의 대상과 절차, 방법 등은 「환경 영향 평가법」이라는 법률로 정하고 있고, 이 법에 의하면 환경 영향 평가의 대상이 되는 사업을 하려는 자는 환경 영향 평가서 초안을 작성해서 주민들의 의견을 수렴하는 절차 등을 거치도록 하고 있습니다(「환경 영향 평가법」 제25조).

환경 영향 평가 이후 천성산 일원에 존재하는 보호 대상 동·식물이 추가로 파악되고, 울산 정족산의 무제치늪이 자연생태계특별보호구역으로, 양산시의 화엄늪이 습지보호지역으로 각각 지정되었으며, 새로운 단층대가 파악되는 등 환경 영향 평가 당시에 충분하게 반영되지 못한 사실들이 잇따라 드러났습니다. 그러자 불교계와 환경단체는 이러한 사정 변경과 터널의 안정성 등을 문제 삼으면서 터널 공사를 반대하고 나섰지만, 정부는 기존 노선대로 건설하기로 결정하였고, 이에 도롱뇽과 그 대변자라고 주장하는 환경단체인 '도롱뇽의 친구들'이 터널 공사 착공 금지 가처분 신청을 하였어요.

그런데 도롱뇽이 정말 소송을 할 수 있을까요? 미국의 크리스토퍼 스톤 교수는 그의 저서인 『법정에 선 나무들』에서 자연도 법적인 권리가 있다고 주장합니다. 그러한 권리가 침해되면 방해 배제, 원상회복, 손해배상을 받을 수 있도록 하여야 하며, 자연의 권리 행사는 그 권리를 가장 잘 배려할 수 있는 사람 또는 단체가 대리하거나 대위할 수 있다는 견해를 주장하였고, 이후 전 세계에 걸쳐 그의 이론을 지지하는 학자들이 늘어나게 되었습니다.* 이른바 도롱뇽 소송을 계기로 우리나라에서도 '자연의 권리'에 대한 관심이 높아지게 되었답니다. 도롱뇽 소송에서도 환경단체인 도롱뇽의 친구들은 자연의 권리 소송 이론에 따라 도롱뇽도 당사자능력이 있다고 주장하였어요.

법원은 도롱뇽의 당사자능력**을 인정하였을까요? 아쉽게도 우리나라 법원은 '자연물인 도롱뇽 또는 그를 포함한 자연 그 자체에 대하여 당사자능력을 인정하고 있는 현행 법률이 없고, 이를 인정하는 관습법도 존재하지 아니하므로 신청인 도롱뇽이 당사자능력이 있다는 신청인 단체의 주장은 이유 없다.'며 도롱뇽의 당사자능력을 부정하였습니다(부산고등법원 2004. 11. 29.자 2004라41, 42(병합) 결정, 대법원 2006. 6. 2.자 2004마1148, 1149 결정).

인간의 무분별한 개발로 인해 자연이 몸살을 앓고 있는 지금, 자연이 스스로를 보호할 수 있도록 당사자능력을 인정해 줘야 하지 않을까요? 여러분은 법원의 판단에 대해 어떻게 생각하나요?

---

* 이동준, 「자연의 권리소송, 그 과제와 전망」(『부산법조』 제27호, 부산지방변호사회, 2009) 참고.
** 당사자능력: 일반적으로 소송 당사자가 될 수 있는 소송법상의 능력(자격)을 말하는 것으로서 자기의 이름으로 재판을 청구하거나 또는 소송상의 효과를 받을 수 있는 자격을 말합니다.

## 02
# 세상을 바꾸는
# 세계의 기후소송

**열쇠말:** 생명권과 행복추구권, 기후변화, 기본권
**관련 법:** 「탄소중립 녹색성장 기본법」, 「헌법」

"철수야, 그거 알아? 지구 온도가 6도 올라가면 지구 생명체가 완전 끝장난대. 지구가 생명의 별이 아니라 죽음의 별이 된다는 거지!"

"야, 그 전에 내가 끝장날 거 같아. 우리 집 에어컨이 고장 나서 하루하루가 죽음이야. AS 불렀는데 8월 말이나 돼야 온대. 아직 한 달이나 남았는데. 어떡하지?"

"와 대박. 어떡하나. 방학 내내 반강제로 독서실에 있어야겠네. 근데 솔직히 요즘 여름에 너무 덥지 않냐? 나 어릴 적엔 안 이랬는데."

"야, 이제 중2가 어릴 적이라 봐야 2~3년 전인데 무슨 소리야."

"아니야, 분명히 나 어릴 땐 이 정도는 아니었어. 기후위기가 진짜 심각해지는 거 같아 걱정이야."

"기후위기? 그게 뭔데?"

"에휴, 넌 그것도 모르냐? 그게 뭐냐 하면… 글쎄, 요즈음 뉴스에도 많이 나오던데 너도 관심 좀 가져라."

"아, 됐으니까 너나 관심 많이 가지셔."

#1

"4℃가 올라가면 인류 사회가 전 지구적인 붕괴를 겪으며 수천만 년, 심지어는 수억 년의 지구 역사상 최악의 대멸종이 벌어질 가능성이 있다. 5℃가 올라가면 엄청난 양의 되먹임(positive feedbacks) 작용에 따라 온난화와 기후변화의 영향이 더욱더 극심하게 영향을 끼쳐 지구에서 대부분의 생명체가 살아갈 수 없게 되며 인류는 비좁은 은신처에서 위태롭게 생명을 이어 가는 존재로 전락할 것이다. 그리고 6℃가 올라가면 온난화의 영향이 폭주하여 생물권이 완전히 멸종하고, 생명체를 지탱할 지구라는 행성의 능력이 영원히 파괴될 위험이 있다."(『최종 경고: 6도의 멸종』, 마크 라이너스, 세종서적, 2022, 15~16쪽.)

#2

2020년 미국, 포르투갈, 한국 청소년들이 각각 정부를 상대로 '기후소송'을 제기했습니다. 먼저 미국의 몬태나주. 2020년 3월 13일 깁슨스나이더를 비롯한 청소년 원고들은 환경에 미치는 영향을 고려하지 않고 화석 연료 개발을 허용해 온 주의 정책이 기후위기에 영향을 끼쳤다며 소송을 제기했습니다. 3년 5개월 뒤, 법원은 화석 연료 사업을 승인할 때 기후 영향 평가를 금지하는 몬태나주 법률 조항이 주 헌법에 위배된다며 원고들의 손을 들어 줬습니다.

#3

6명의 포르투갈 청소년들은 2017년 포르투갈 수도 리스본 북쪽 페드호가우 그란데에서 발생한 대형 산불로 66명이 숨진 사건을 계기로 2019년 9월 기후소송을 위한 크라우드 펀딩을 시작했습니다. 이들은 산불 발생 3년 뒤인 2020년 9월 2일 유럽 32개 국가를 유럽인권재판소(ECHR)에 제소했고, 그로부터 3년 후인 2023년 9월 27일 프랑스 스트라스부르에 있는 유럽인권재판소에서 사상 최대 기후소송 심리가 열렸습니다. 판사 17명, 유럽연합 회원국(27개국)을 비롯한 32개 나라에서 온 80여 명의 변호사, 포르투갈 원고 6명과 이들을 돕는 변호사 6명이 심리에 참여했다고 전합니다.*

#4

2020년 3월 13일, 한국에서도 '청소년 기후행동' 소속 청소년 19명은 "「저탄소 녹색성장 기본법」과 시행령에 규정된 온실가스 감축 목표가 기후변화로부터 청구인의 생명권과 행복추구권 등 기본권을 보호하기에 크게 부족하다."며 헌법재판소에 위헌 확인을 청구했습니다. 현재 우리 헌법재판소는 이 사건을 포함해 4건(2020헌마389, 2021헌마1264, 2022헌마854, 2023헌마846)의 기후소송을 모아서 한꺼번에 병합심리중이고,

---

* 이후 유럽인권재판소는 이 사건에 대하여 포르투갈을 제외한 다른 나라들을 상대로 제기한 소송은 관할권이 성립하지 않아 받아들일 수 없다고 판단하였고, 포르투갈에서 법적 다툼을 하지 않고 곧바로 유럽인권재판소에 제소한 만큼 포르투갈 정부를 상대로 한 청구도 받아들일 수 없다고 판단하였습니다.

2024. 4. 23. 첫 번째 공개변론을 진행하였습니다. 이 공개변론에서 헌법재판소 소장은 "최근 독일, 네덜란드 등에서 다양한 결정이 선고됐고 최근에는 유럽인권재판소가 스위스 정부의 기후변화 대응책이 불충분해 국민 기본권을 침해했다는 결정을 내려 국내 언론에 크게 보도되면서 국민적 관심도 높아졌다. 재판부도 사건의 중요성과 국민적 관심을 인식해 충실히 심리하겠다."고 밝혔습니다. 앞으로 어떻게 재판이 진행되는지 지켜봐야겠네요.

(앞의 미국과 포르투갈 사례는 《한겨레》(2023년 10월 5일자) 기사 〈청소년 기후소송…현실이 된 미래, 다가온 미래, 다가올 미래〉,《한겨레》(2024년 4월 24일자) 기사 〈국내 첫 기후소송 공개변론… "한국, 온실가스 감축 책임 방기"〉를 참조하였습니다.)

기후소송은 기후변화로 인하여 발생할 수 있는 부정적 영향을 방지하거나 이미 발생한 상황에 대하여 책임을 묻는 소송입니다. 소송을 통해 승소하는 데 목적이 있다기보다 기후 문제에 대해 많은 사람들의 관심을 불러일으키고 정부나 관련 단체의 정책과 제도 개선을 목적에 둔 전략적 소송이라고 할 수 있습니다. 2022년 6월에 제기된 '아기 기후소송'(태아도 원고로 참여함)도 이런 맥락에서 이해할 수 있습니다. 어린아이 62명이 나라에서 정한 온실가스 감축 목표가 아기의 권리를 침해한다며 제기한 헌법소원입니다.

#5

가장 파급력이 큰 기후소송은 네덜란드에서 있었습니다. 네덜란드의 환경단체 우르헨다는 2013년 네덜란드 정부가 제시한 '1990년 대비 2020년까지 14~17% 온실가스 감축'이라는 목표가 국민의 기본권을 보호하기에는 불충분하므로 온실가스 감축 목표치를 '1990년 대비 2020년까지 25~40% 감축'으로 상향 조정해야 한다고 소송을 제기했습니다. 이에 네덜란드 법원은 온실가스 배출량을 2020년까지 1990년 대비 최소 25% 감축하라고 판결하였습니다. 이를 '우르헨다 판결(사건)'이라고 합니다. 이 판결 이후 유사한 취지의 기후소송이 광범위하게 전개되었습니다.

#6

독일에서도 비슷한 소송이 있었습니다. 2020년 2월 독일 시민들은 '2030년까지 1990년 대비 온실가스 배출을 55% 감축'하도록 규정한 독일 '연방기후보호법'이 기본권을 침해한다며 독일 정부를 상대로 헌법 소송을 제기하였습니다. 2021년 4월 독일 연방헌법재판소는 "연방기후보호법의 온실가스 감축 계획이 미흡하고, 2030년 이후로는 구체적 감축 목표를 제시하고 있지 않아 미래 세대의 자유권을 잠재적으로 침해할 수 있다."며 일부 위헌 결정을 내렸습니다. 독일 정부는 헌법재판소 판결이 나온 지 일주일 만에 2030년까지 온실가스 배출량을 1990년 대비 65% 줄이는 개정안을 발표했습니다. 이를 '노이바우어 판결

(사건)'이라고 합니다.

(위 우르헨다 판결과, 노이바우어 판결은 《단비뉴스》(2023년 1월 5일자) 기사 〈애타는 기후 시민, 정부를 법정에 세웠다〉를 참고하였습니다.)


#7

최근에는 스위스 정부가 온실가스 배출을 줄이기 위한 적절한 조치를 하지 않아 고령자의 인권을 침해했다는 유럽인권재판소 판결도 나왔습니다. 2020년 스위스 환경단체 '기후 보호를 위한 노인 여성' 소속 회원들은 스위스 정부가 온실가스 배출을 억제하지 않아 〈유럽인권조약〉상 생명권과 자율권을 침해당했다고 주장하면서 유럽인권재판소에 소송을 제기하였는데, 2024년 4월 9일 유럽인권재판소는 "스위스 정부는 기후변화 대응을 위한 입법이나 필요 조치를 제때 적절한 방식으로 취하지 않았다."고 판단하고, "탄소 예산이나 국가 온실가스 배출 한도를 책정하는 데 실패하는 등 관련 국내 규제 체계를 마련하는 과정에 중대한 공백이 있었다."고 지적하면서 "과거 온실가스 배출 감축 목표를 달성하지도 못했다."며 스위스 정부가 〈유럽인권조약〉 제8조 '사생활 및 가정생활을 존중받을 권리'를 침해했다고 판단하였습니다.

(위 사례는 《연합뉴스》(2024년 4월 9일자) 기사 〈유럽최고법원 "스위스, 온실가스 대응 부족으로 인권침해"(종합)〉를 참조하였습니다.)


앞서 말씀드린 우리나라의 청소년 기후소송(#4)도 한국의 온

기후소송은 기후변화로 인하여 발생할 수 있는 부정적 영향을 방지하거나 이미 발생한 상황에 대하여 책임을 묻는 소송입니다.

실가스 감축 목표가 미흡하여 미래 세대를 포함한 국민의 기본권을 침해한다는 내용으로, 정부가 「탄소중립 녹색성장 기본법」에서 온실가스 배출량을 2030년까지 2018년 배출량 대비 40%까지 감축하기로 했는데 이것은 기후위기를 막기에는 너무 미흡하기 때문에 국민의 기본권 보호를 규정한 「헌법」에 반한다는 취지입니다. 또한 온실가스 감축 목표는 국민의 생명과 안전을 지키는 데 중요한 사안임에도 이를 의회가 직접 법률로 정하지 않고 행정부에게 대통령령으로 위임한 것은 '의회 유보 원칙'을 위반한 것이라고도 주장하였습니다. 의회 유보 원칙은 국민의 기본권 실현과 관련한 영역은 행정기관에 맡길 것이 아니라, 국민의 대표자로 입법자인 의회(국회) 스스로가 그 본질적 사항에 대하여 결정하여야 한다는 원칙입니다.

이렇게 온실가스 감축 목표가 소송의 대상이 되는 이유는 온실가스를 줄이지 않고 계속 배출한다면 지구 평균 기온 상승이 불가피하고 지구 생태계 전체를 치명적으로 파괴할 것으로 예견되기 때문입니다. 과학자들은 산업화 이전과 비교해 지구 평균 기온이 1.5도시 이상 상승한다면 특이점(지구 평균 기온 상승을 되돌릴 수 없는 지점)을 지나게 된다고 말합니다.

2015년 〈파리 기후 협정〉에서 지구 평균 기온 상승폭을 1.5도시 이내로 제한하기로 노력한다고 명시한 것도 이런 맥락 때문입니다. 그런데 이미 2016년 평균 기온이 산업화 이전 대비 1.28도시 높은 관측치를 보여 온실가스 감축은 매우 시급한 과제가 되었습니다. 때문에 전 세계 환경운동가들과 청소년 등 기후위기를 저지하고자 노력하는 사람들은 소송을 통해 문제의 심각성을 알리고 법과 제도의 정비를 촉구하고 나서는 것입니다.

기후소송으로 기후위기를 막아 낼 수 있을까요? 여러분의 생각은 어떠신가요?

# 03
# 동물실험
# 일반 원칙 3R

**열쇠말**: 오가노이드, 미니 장기, 해부
**관련 법**: 「동물보호법」, 「실험동물에 관한 법률」

이모와 함께 게임 유튜브를 보던 철수, 이모의 재생 리스트에는 온갖 잡다한 뉴스와 영상이 가득한데 그중 '오가노이드'라는 제목이 눈에 들어왔습니다.

철수: 이모, 오가노이드가 뭐야?
이모: 오가노이드는 세포 배양을 통해 만드는 미니 장기로, 장기 유사체라는 거야.

미니 장기? 장기 유사체? 세포 배양은 알 것도 같고 모를 것도 같고, 철수는 점점 혼란스러웠습니다. 이모는 철수를 꼭 안아 주며 찬찬히 설명을 시작했습니다.

이모: 내가 대학교에 다닐 때 생물 실험을 했는데, 흰쥐의 해부를 하는 실험이었어. 음, 초등학교 때는 붕어 해부도 하고 개구리 해부도 했었네.
철수: 해부?

이모: 응, 해부.

철수: 해부는 죽여서 하는 거지?

이모: 응.

철수: 이모도 개구리를 죽였어?

이모: 난 무서워서 도망쳐 다녔지. 그래도 한 조에 한 마리씩은 배당되었으니까 조원 중 한 명이 그 일을 해야 했지.

철수: 으아, 징그럽고 무서워.

이모: 응, 그런데 그 쥐도 무서웠을 거야 그치?

철수: 응, 불쌍하다.


지금으로부터 30여 년 전에 초등학교를 다닌 사람이라면 어린 시절 붕어, 개구리, 쥐를 해부한 경험이 있을 겁니다. 요즘 아이들은 무의미한 해부를 하지 않습니다. 「동물보호법」 제50조는 미성년자 동물 해부 실습의 금지 규정을 정해 두었는데 이는 단순히 동물의 신체 기관을 확인한다는 이유만으로 동물을 해부하는 것이 비교육적이라는 취지에서 마련된 규정입니다.

우리가 보통 주위에서 보는 살아 있는 동물들은 대부분 반려동물들입니다. 그러나 우리가 생각하는 수 이상의 동물이 동물 실험에 사용되고, 버려지고, 고통 받고 있습니다. 2021년 기준 연간 488만 마리가 동물실험에 이용되고 있습니다.

건강식품, 의약품, 의약외품, 화장품, 또 의료기기까지 독성 평가와 안정성 평가는 동물실험을 전제로 진행되었습니다. 2009년 3월 29일에 제정된 「실험동물에 관한 법률」에서 동물실험을 할 때 지켜야 하는 여러 가지 규율을 마련했지만, 이는 관리의 편의를 위한 것으로 동물들의 복지를 위한 것은 아니었습니다. 2016년 2월 3일 일부 개정된 「화장품법」 제15조의 2에서 동물실험을 실시한 화장품의 유통·판매를 금지하고 있지만, 수많은 예외 조항이 존재해 이를 강제하기란 불가능했지요.

어떤 이는, '동물로 실험하지 않는다면, 사람으로 실험할 것이냐?'며 동물실험을 대체할 다른 방법이 없다고 주장했습니다. 하지만 정말 필요한 실험인지, 대체할 수 있는 다른 방법은 없는지, 부득이 해야 하는 것이라면 그 과정에서 실험 대상이 된 동물의 고통을 최소화하는 것에 대한 진지한 고민 없이 동물실험을 해온 것은 사실입니다.

이런 의견이 반영된 동물실험 일반 원칙 3R(Replacement, Reduction, Refinement)에 대한 목소리가 높아져 가는데, 3R이란 다음과 같습니다.

리플레이스먼트(Replacement·대체): 동물실험을 수행하지 않고도 연구의 목적을 달성할 수 있는 방법이 있다면 이것으로 동물실험을 대신하고, 실험을 하더라도 좀 더 하등한 동물 종으로 가능하다면 고등한 동물 종을 하등한 동물 종으로 대체해야 한다는 것입니다.

리덕션(Reduction · 감소): 실험에 사용되는 동물의 수를 가능한 줄이는 것으로, 통계적으로 의미 있는 분석을 할 수 있는 실험 설계를 통해 최소한의 의미 있는 실험을 수행해야 한다는 것입니다.

리파인먼트(Refinement · 개선): 동물실험을 수행해야만 할 때, 동물에게 가해지는 비인도적인 처치의 발생을 감소시켜 주는 것으로, 통증과 스트레스를 경감시키고, 적절한 진통제와 마취제를 사용하고, 질병에 걸리지 않도록 위생적인 환경, 충분한 먹이, 공간, 운동할 수 있는 여건을 제공해야 한다는 것입니다.

이런 선언적 동물실험 윤리 원칙은 「동물보호법」 제47조에 '동물실험의 원칙'이라는 제목으로 들어가 있습니다.

철수: 그런데 이모, 오가노이드랑 동물실험이랑 무슨 관계가 있어?

이모: 오가노이드는 생체 반응을 할 수 있는 유기체니, 기존에 동물실험을 통해서 얻을 수 있었던 결과를 오가노이드라는 조직에게 실험해 결과를 얻을 수 있어. 그만큼 동물이 실험을 덜 당할 수 있는 거야.

철수: 진짜? 오가노이드는 좋은 거구나.

이모: 현재로서는 좋은 면이 더 많고, 앞으로 오가노이드가 장기를 대체할 수도 있지 않을까?

철수: 그러면 쥐도 안 죽여도 되고 좋을 거 같아.

오가노이드의 등장으로 동물실험이 줄어들 것이라는 기대가 가득합니다. 그런데 오가노이드와 관련된 윤리 규정 및 제도 역시 언젠가는 제정되어야 하지 않을까요?

# 8장

# 청소년과 정치

# 01

# 인구수에 따른
# 국회의원 수

**열쇠말:** 선거구 획정, 표의 등가성

**관련 법:** 「공직선거법」

　어느 날 철수는 아빠가 매일 보는 신문을 우연히 보게 되었습니다. 그날 신문 1면에는 "선거구 획정안 국회 통과"라는 문구가 적혀 있었습니다. '선거구 획정안?' 선거는 대통령 선거도 있고 학급 회장 선거도 학기마다 있으니 익숙했지만 '선거구'나 '획정'이라는 말은 낯설었습니다. 평소와 달리 갑자기 의문이 든 철수는 아빠에게 물었습니다. 아빠는 그날 신문 기사를 보며 철수가 살고 있는 '○○시'의 역사에 대해 설명하며 철수의 질문에 대답해 줬습니다.

철수 아빠: 철수야, 우리가 살고 있는 ○○시는 10년 전까지만 해도 아주 조그만 한 도시였단다. 아파트가 하나도 없었고, 아주 조용한 시골 동네였지. 그런데 10년 전 대규모 아파트 단지가 들어오면서 ○○시의 인구는 폭발적으로 늘었는데 현재는 인구수가 2만 명이 넘어 버렸지.

철수: ○○시의 역사와 신문 1면과 무슨 상관이에요?

철수 아빠: 좋은 질문이다. ○○시가 이렇게 인구수가 폭발적으로 증가했음에도 ○○시를 지역구로 둔 국회의원은 아직까지 달랑 한 명이란

다. 옆 동네 '△△시'는 인구수가 1만 명밖에 안 되는데도 국회의원이
1명인데 말이다.

○○시 국회의원은 2만 명 이상의 국민을 대표하는 것이고, △△시 국
회의원은 1만 명 이하의 국민을 대표하는 것인데, 이렇게 2배나 차이가
나는 건 부당하다고 생각하는 ○○시에 사는 몇몇 분들이 문제 제기를
하게 되었어. 물론 아빠도 함께했지. 결국 헌법재판소에 이 문제를 제기
했는데, 헌법재판소에서 ○○시에 국회의원이 한 명밖에 없다는 것은
헌법 정신에 맞지 않다는 결정을 한 것이란다.

철수: 그러면 이번 국회의원 선거에서는 드디어 ○○시의 국회의원은
두 명이 되는 건가요?

철수 아빠: 그렇지. 드디어 우리 ○○시에 사는 국민들을 대표하는 국회
의원이 두 명 선출되는 것이지.


철수 아빠의 이야기를 살펴보기 전에 선거구의 개념부터 살펴
보겠습니다. 선거구란 대표를 선출하는 지역 단위 구역입니다.
우리나라 국회의원 선거를 예로 들면, 시·도의 관할 구역 내에서
인구, 행정구역, 교통 등의 조건을 고려하여 구·시·군을 단위로
획정합니다. 획정은 경계를 구별해서 정한다는 것입니다. '○○
시'와 '△△시'에서 국회의원을 1명씩 뽑으니 '○○시'와 '△△시'
는 각각 1개의 선거구가 됩니다. 만약 '○○시'와 '△△시'를 합쳐
서 1명의 국회의원을 뽑는다면 '○○시'와 '△△시'를 합친 것이

1개의 선거구가 되겠지요.

헌법재판소가 ○○시 선거구 관련한 판결(헌재 2014. 10. 30. 2012헌마192 등)의 근거로 가장 중요하게 든 것은 '표의 등가성'이었습니다. 투표구에 상관없이 한 표의 가치가 같은 것이 이상적이지만 행정 구역이나 생활권, 지방세 등의 문제 때문에 일정한 편차는 생길 수밖에 없는데요. 철수 아빠 말씀처럼 '△△시'는 1만 명이 사는데 국회의원이 1명이므로 2만 명이 사는 '○○시'는 국회의원이 2명인 것이 산술적으로 맞겠지요. 하지만 '○○시'의 국회의원도 1명이기 때문에 산술적으로 ○○시민의 표는 △△시민의 표의 2분의 1의 가치를 갖는다고 볼 수 있습니다. 이렇게 되면 형식적으로는 1인 1표 원칙(표의 등가성)이 지켜졌지만 실질적으로는 ○○시민의 표가 △△시민의 표에 비해 2분의 1표가 되어 1인 1표의 원칙이 깨지는 심각한 문제가 발생하게 됩니다. 따라서 선거구를 어떻게 획정할 것인가 하는 문제는 표의 가치를 결정짓는 매우 중요한 문제가 됩니다.

이렇게 중요한 문제이기 때문에 헌법재판소가 나서서 1인 1표의 원칙을 지키는 방향으로, 다시 말해 가장 인구수가 많은 선거구와 가장 인구수가 적은 선거구의 비율이 2대 1을 넘지 않는 수준에서 선거구를 획정하라고 국회에 명령하게 된 것이지요. 그결과 ○○시에는 국회의원이 1명에서 2명으로 늘어나게 되었고요. 기존처럼 '3대 1'까지 허용하면 인구가 적은 지역구의 한 표는 많은 지역구의 3표와 같은 효력을 갖게 됨으로써 평등선거 원칙에 반한다는 것이 헌법재판소 판단의 중요한 근거입니다.

헌법재판소는 외국에서도 2대 1을 넘는 경우가 별로 없다며 비교법적으로 접근을 하기도 하였는데요. 그 예로 미국과 독일 그리고 일본의 예를 들었습니다. 미국은 연방 하원 선거에서 편차를 0에 가깝게 만들도록 노력한 것을 입증하지 않으면 위헌으로 간주되고, 독일의 경우에는 인구수 상하 편차의 최대 허용치가 25%이며, 일본의 경우에는 인구 편차 2.3대 1인 선거구에 대해 위헌 결정이 난 사례를 들었습니다.

**국회의원 선거구 관련 헌법재판소의 결정**

| 구분 | 최대·최소 선거구 인구 비례 | 헌재 결정 이유 |
| --- | --- | --- |
| 1995년 | 최대·최소 인구 비례를 4대 1 이하로 (인구 편차 상하 60% 이내) | "평등선거의 원칙은 1인 1표뿐만 아니라 1표의 투표 가치가 대표자 선정이라는 선거 결과에도 기여하는 정도의 평등을 의미" |
| 2001년 | 최대·최소 인구 비례를 3대 1 이하로 (인구 편차 상하 50% 이내) | "최대·최소 선거구 인구 비례가 2대 1 이내가 바람직하지만 현실을 고려해 3대 1로 결정" |
| 2014년 | 최대·최소 인구 비례를 2대 1 이하로 (인구 편차 상하 33.33% 이내) | "선거구 조정의 현실적 어려움은 인구 비례 허용 기준을 완화할 사유가 안 된다." |

## 02
# 미성년자와
# 외국인의 선거 운동

**열쇠말:** 선거 운동의 자유와 공정성, 미성년자, 외국인

**관련 법:** 「공직선거법」, 「정당법」

## 미성년자와 외국인의 선거 운동

때는 바야흐로 선거의 계절인 봄날의 어느 일요일 아침. 철수는 여자 친구 영희와, 철수 아버지는 직장 동료인 외국인 근로자 심바와 함께 외삼촌 선거 캠프에 방문하게 되었습니다. 외삼촌이 이번 국회의원 선거에 출마했거든요. 선거 캠프는 외삼촌을 지지하는 분들로 북적였는데, 캠프 한편에서는 외삼촌 고등학교 동창회에서 나와 외삼촌과 함께 선거 운동을 위한 준비 행위를 도와주고 있었습니다.

철수는 영희의 손을 잡고, 철수 아버지는 심바와 파이팅을 외치며 거리로 나가 본격적인 지원 유세를 시작했습니다. 아니, 그런데 선거 캠프 앞에서 사람들이 모여 외삼촌에 대하여 부적격 후보자라며 낙선을 호소하고 있는 것이 아니겠습니까?

낙선을 호소하는 무리는 철수와 영희, 심바를 보더니 "아니! 저 후보는 미성년자와 외국인도 동원하네! 불법(?) 선거 운동을 하다니! 어이가 없네!"라고 소리쳤습니다. 뿔난 철수는 낙선 운동을 하는 무리를 향해 외쳤습니다.

"도대체 이런 경우가 어디 있어요? 선거 운동은 지지 후보자를

232

당선되게 해야 하는 거죠. 불법(?) 선거 운동으로 경찰에 신고할 거예요. 그리고 우리가 불법이라고요? 우리도 엄연한 대한민국 국민이라고요!(참! 심바는 외국인이지…)"

선거 운동을 하는 데 나이가 문제가 될까요? 대한민국 국민이면 누구나 당연히 자기 의사에 따라 선거 운동을 할 수 있는 거 아닐까요? 맞아요. 누구든지 자유롭게 선거 운동을 할 수 있는 것이 원칙입니다. 하지만 선거의 공정성 측면에서 예외적으로 「공직선거법」 등 법률의 규정에 의하여 금지 또는 제한되는 경우가 있습니다(「공직선거법」 제58조 제2항).

그렇다면 철수와 영희는 외삼촌의 선거 운동을 할 수 있을까요? 아니면 법률에서 금지 또는 제한하는 경우에 해당할까요? 아쉽지만, 「공직선거법」 제60조 제1항 제2호에 의하면, 미성년자(18세 미만의 자)는 선거 운동을 할 수 없는 자에 해당되므로 미성년자인 철수와 영희는 선거 운동을 할 수 없습니다.

법률로서 미성년자는 선거 운동을 할 수 없도록 제한하고 있는 현실에 대해 너무 부당하다는 생각은 들지 않은가요? 그렇다면, 미성년자는 왜 선거 운동을 할 수 없는 걸까요?

과거 여러분과 똑같은 의문을 가진 친구들이 「공직선거법」 규정과 「정당법」 규정은 "선거권, 피선거권, 선거 운동의 자유, 정당의 자유 등을 침해한다."며 헌법소원 심판을 청구한 적이 있습니다. 이에 대해 헌법재판소는 미성년자의 선거 운동을 금지하고 있는 조항과 관련하여 다음과 같은 판시를 한 바 있습니다. 여러분은 헌법재판소의 입장에 동의하시나요?

---

**헌법재판소 2014. 4. 24. 선고 2012헌마287 결정**

미성년자의 선거 운동을 금지하는 것은 정치적 판단 능력이 부족한 사람의 선거 운동의 자유를 제한하여 선거의 공정성을 확보하기 위한 정당한 입법 목적에 의한 것이고, 연령을 기준으로 선거 운동의 자유를 행사하기 위한 정치적 판단 능력의 유무를 가리는 것은 적절한 방법이다. 또한 선거 운동만을 제한할 뿐, 선거 운동 외에 정치적 표현 행위는 제한 없이 할 수 있고, 19세가 될 때까지만 선거 운동의 자유를 유예하는 것에 불과하며, 미성년자는 정신적·신체적 자율성이 불충분하다는 점 등을 고려하면 침해 최소성 원칙에 반하지 않고, 선거의 공정성 확보라는 공익보다 제한되는 정치적 표현의 자유 정도가 크지 않으므로 법익 균형성에도 반하지 않는다. 따라서 선거 운동 제한 조항이 19세 미만인 청구인들의 선거 운동의 자유를 침해한다 할 수 없다.

---

일단 법의 판단은 미성년자는 아직 선거 운동을 할 수 없다는 것이네요. 그럼 심바 같은 외국인 근로자는 어떨까요? 결론부터 말하자면 대한민국 국민이 아닌 자는 원칙적으로 선거 운동을 할 수 없습니다. 다만 외국인이라도 예외적으로 선거 운동을 할 수 있는 경우가 있습니다. 어떤 경우에 가능하냐고요?

234

「공직선거법」제60조 제1항 제1호, 제15조 제2항 제3호

외국인이라고 하더라도 국회의원 선거에서는 후보자의 배우자에 해당하는 경우 선거 운동을 할 수 있고, 지방자치단체의 의회 의원 및 장의 선거에 있어서는 「출입국관리법」제10조에 따른 영주의 체류 자격을 취득한 후 3년이 경과한 자로 해당 지방자치단체의 외국인 등록대장에 올라 있는 경우 선거 운동을 허용하고 있을 뿐 아니라 선거권도 인정됩니다.

또 한 가지 철수가 이해할 수 없는 일이 있지요. 선거 운동은 지지하는 후보가 당선되도록 돕는 행위입니다. 그런데 낙선 운동이라니, 그러니까 선거에서 떨어뜨리는 운동이라니 이게 도대체 무슨 말일까요?

헌법재판소는 「공직선거법」제58조를 근거로 하여 선거 운동의 개념에 관해 설명하고 있습니다. "선거 운동이라 함은 특정 후보자의 당선 내지 이를 위한 투표에 필요한 모든 행위 또는 특정 후보자의 낙선에 필요한 모든 행위 중 당선 또는 낙선을 위한 것이라는 목적 의사가 객관적으로 인정될 수 있는 능동적·계획적 행위를 말한다."

이 설명에 따르면 낙선 운동도 선거 운동의 하나로 허용되는 것으로 보입니다. 그런데 낙선 운동의 경우에도 다른 후보자를 지지하는 사람들이 경쟁 후보자의 낙선을 위해서 벌이는 낙선

선거 운동을 하는 데 나이가 문제가 될까요? 대한민국 국민이면 누구나
당연히 자기 의사에 따라 선거 운동을 할 수 있는 거 아닐까요?

10대와 통하는 **생활 속 법률 문해력**

운동(후보자 편의 낙선 운동) 사안에서처럼 특정인의 당선을 목적으로 함이 없이 부적격 후보자의 낙선만을 목적으로 하는 낙선 운동(제3자 편의 낙선 운동)은 다르게 봐야 되지 않을까요?

이에 대해 헌법재판소는 "제3자 편의 낙선 운동의 효과는 경쟁하는 다른 후보자의 당선에 크건 작건 영향을 미치게 되고 경우에 따라서는 제3자 편의 낙선 운동이 그 명분 때문에 후보자 편의 낙선 운동보다도 훨씬 더 큰 영향을 미칠 수도 있다."며 양자는 구별되기는 하지만 본질적으로 차이가 없다는 입장입니다(헌법재판소 2001. 8. 30. 선고 2000헌마121, 202(병합) 결정).

18세 미만은 국회의원 선거나 대통령 선거에는 투표권이 없지만 여러분은 잠재적 유권자입니다. 머지않아 우리의 일이 됩니다. 선거 운동의 자유와 공정성 중 어떤 것을 우위에 두어야 한다고 생각하나요?

# 03
# 중학생은 왜
# 투표할 수 없을까?

**열쇠말:** 나이와 정치적 판단 능력, 선거권 연령, 선거권, 평등권

**관련 법:** 「공직선거법」, 「헌법」

## 중학생은 왜 투표할 수 없을까?

---

**「헌법」제24조**

모든 국민은 법률이 정하는 바에 의하여 선거권을 가진다.

---

대한민국 「헌법」에서 선거권은 모든 국민에게 있다고 정하고 있습니다. 그런데 철수는 좀 억울한 생각이 듭니다. 이제 막 대학생이 된 누나는 이번 국회의원 선거에 참여할 수 있는데 왜 자기는 못 하는지 이해가 되지 않습니다. 같은 대한민국 국민인데 이건 차별이 아닌가 하는 생각이 듭니다. 이번에 국회의원 후보로 나온 사람은 같은 반 친구 기영이 아빠였습니다. 같은 동네 주민이기도 하고, 모르는 사람보다 아는 사람이 국회의원이 되면 왠지 모르게 좋을 거 같다는 생각이 들어서 꼭 투표에 참여하고 싶었거든요. 철수가 투표에 참여할 수 없는 이유는 나이 때문이었습니다.

철수 말처럼 모든 국민은 원칙적으로 선거권을 갖습니다. 하지만 대한민국 「헌법」은 모든 국민은 '법률이 정하는 바에 의하여' 선거권을 가진다고 규정함으로써, 법률에 의하여 선거권을 제한할 수 있도록 정하고 있어요.

「공직선거법」 제15조에는 18세 이상이라는 선거권 연령의 제한을 두고 있는데 「국회의원 선거법」이 제정되어 시행되었을 당시에는 선거권 연령이 21세 이상이었다가 점점 낮아졌고, 지금은 18세 이상입니다. 우리나라는 2020년 「공직선거법」을 개정하기 이전에는 선거권 연령이 19세 이상이었는데 그 당시 OECD 가입 국가 중 우리나라를 제외한 나머지 국가가 모두 선거권 연령이 18세 또는 그보다 낮았고, 그중 선거권 연령이 가장 낮은 OECD 국가는 오스트리아(16세)였다고 합니다. 철수는 오스트리아에 가서 살고 싶다고 할지 모르겠네요.

우리나라의 선거권 연령 변화를 살펴보면 아래와 같아요.

| 관련 법령 | 선거권 연령 |
|---|---|
| 「국회의원 선거법」 제1조 [시행 1948. 3. 17.] [군정법령 제175호, 1948. 3. 17. 제정] | 21세 이상 |
| 「대한민국 헌법」 제25조 [시행 1960. 6. 15.] [헌법 제4호, 1960. 6. 15., 일부 개정] | 20세 이상 |
| 「공직선거법」 제15조 [시행 2005. 8. 4] [법률 제7681호, 2005. 8. 4., 일부 개정] | 19세 이상 |
| 「공직선거법」 제15조 [시행 2020. 1. 14.] [법률 제16864호, 2020. 1. 14., 일부 개정] | 18세 이상 |

선거권 연령을 법률이 아니라 「헌법」에 직접 명시하고 있을 때도 있었는데, 연령이 점점 낮아진 것을 알 수 있죠? 철수가 100년 뒤에 태어났더라면 선거권을 행사할 수 있었을지도 모르겠네요.

그렇다면 이처럼 선거권 연령의 제한을 두는 이유는 무엇일까요? 선거권 연령 제한은 선거권과 평등권을 침해하는 것은 아닐까요? 이러한 궁금증에 대하여 헌법재판소가 판단을 내린 적이 있는데 그 내용을 여러분께 소개해 줄게요.

2012년에 제19대 국회의원 선거일과 제18대 대통령 선거일 기준으로 19세 미만이던 A는 헌법재판소에 선거권 연령을 19세 이상으로 정하고 있던 「공직선거법」(2011. 11. 7. 법률 제11071호로 개정된 것) 제15조가 「헌법」 제11조의 평등권과 제24조 참정권 등을 침해한다고 주장하면서 헌법소원 심판을 청구했어요. 헌법재판소는 이에 대해 다음과 같은 이유로 선거권 연령을 19세 이상으로 정한 것이 입법자의 합리적인 입법 재량의 범위를 벗어난 것으로 볼 수 없다며, 19세 미만인 사람의 선거권 및 평등권을 침해하였다고 볼 수 없다고 판단하였어요.

---

「헌법」 제24조는 "모든 국민은 '법률이 정하는 바'에 의하여 선거권을 가진다."고 규정함으로써, 선거권 연령을 어떻게 정할 것인지는 입법자에게 위임하고 있다. 입법자는 우리의 현실상 19세 미만의 미성년자의 경우, 아직 정치적·사회적 시각을 형성하는 과정에 있거나, 일상생활에 있어서도

현실적으로 부모나 교사 등 보호자에게 의존할 수밖에 없는 상황이므로 독자적인 정치적 판단을 할 수 있을 정도로 정신적·신체적 자율성을 충분히 갖추었다고 보기 어렵다고 보고, 선거권 연령을 19세 이상으로 정한 것이다. 또한 많은 국가에서 선거권 연령을 18세 이상으로 정하고 있으나, 선거권 연령은 국가마다 특수한 상황 등을 고려하여 결정할 사항이고, 다른 법령에서 18세 이상의 사람에게 근로 능력이나 군복무 능력 등을 인정한다고 하여 선거권 행사 능력과 반드시 동일한 기준에 따라 정하여야 하는 것은 아니므로 선거권 연령을 19세 이상으로 정한 것이 불합리하다고 볼 수 없다(헌법재판소 2013. 7. 25. 선고 2012헌마174 결정).

---

물론 이 법을 만들 당시에는 이와 같은 판단이 합리적이었다고 볼 수도 있습니다. 하지만 그때의 청소년과 지금의 청소년은 정치의식이 많이 달라졌을 수 있습니다. 요즘 친구들은 정치 관련 유튜브도 많이 보고 정치에 관심도 많습니다. 그런데 어른들의 일방적인 관점으로 정치적 판단 능력이 부족하다고 판단해 선거 참여권을 제한하는 것은 문제가 있지 않을까요? 법을 만드는 어른들이 변화의 속도를 따라오지 못해서 우리가 당연히 누려야 할 「헌법」상 기본권도 제대로 행사하지 못한다면 너무 억울한 일인 것 같아요.

텔레비전을 보면 국회의원들이 자신들의 본분을 잊은 채 서로 비난하고 맨날 싸우기만 하는데 이렇게 나이만 먹은 어른들이야말로 선거권을 행사할 수 있는 정도의 정치적인 판단 능력이 없는 분들이 아닐까요?

# 번외편

# 독도를 위하여

# 01
# 국제법과 독도

**열쇠말:** 독도, 국제사법재판소
**관련 법:** 국제 관습법, 국제 조약

철수는 '독도'에 대해 일본이 자기 땅이라고 우기며 다케시마 (竹島)라고 부르고 있다는 내용을 수업 시간에 듣다가, 갑자기 어렸을 때 삼촌에게 배웠던 '땅따먹기 놀이'를 떠올렸습니다. 땅바닥에서 자기 손 한 뼘 정도의 반원을 그려서 자신의 땅을 만들고 순서를 정하여 자기 땅을 넓혀 갑니다. '말'을 손끝으로 튕겨서 세 번 안에 자신의 집으로 들어오면 그 선(線) 안은 자신의 땅이 됩니다. 되돌아오지 못하면 공격권이 상대방으로 넘어가고, 이렇게 해서 상대방의 땅을 포함하여 땅을 많이 차지하는 사람이 이기게 됩니다.

이처럼 땅따먹기 놀이에도 일정한 규칙이 있습니다. 당연히 국제 사회에서도 법은 존재하겠지요. 이를 국제법이라고 합니다. 국가라는 공동체는 수천 년 전부터 생겼지만, 오랫동안 국가들 간의 국제법이라고 할 만한 것이 없었어요. 중세가 지나고 근대에 들어와서야 외교나 무역 등 국제 교류가 활발해지면서 국제 관습이 생겼고, 이것이 국가 간의 법으로 인정받기 시작했어요. 그 무렵 휴고 그로티우스(Hugo Grotius, 1583~1645)라는 네덜란드 출신 법학자가 『전쟁과 평화의 법(De Jure Belli ac Pacis)』 (1625)이라는 책을 썼고, 이 책을 계기로 국제법이 법 이론으로 자리 잡으며 점점 발달하였답니다.

전 세계 사람들은 20세기에 들어와 두 차례나 큰 전쟁(제1차 세계 대전, 제2차 세계 대전)을 치른 후 전쟁을 피하고 평화를 모색할 국제기구의 필요성을 느끼게 되었어요. 국가들이 이해관계에 따라 소규모로 동맹하거나 연합하는 것으로는 국제 문제에 효과적으로 대처하기가 어렵다는 것을 깨달은 것이지요. 그래서 탄생한 것이 국제연맹, 국제연합이라는 범세계적인 국제기구예요.

또한 20세기 이후 기술 혁신으로 인하여 국가들 간의 시간적·공간적 거리가 단축되고, 사람과 물자의 국제적 교류가 활발해졌어요. 세계화 시대가 열리면서 전 세계가 지구촌이 되고 세계 공동체가 되었지요. 그러면서 국제법도 내용이 풍부해지고, 법의 본질인 강제력도 가지게 되었습니다.

그럼, 우리나라 「헌법」이나 「민법」, 「형법」처럼 국제법도 법전이 따로 있을까요? 국제법을 지키지 않으면 어떤 일이 벌어질까요? 국제법은 조약과 여러 국가들의 관행으로 인정되는 국제 관습법으로 구성되어 있어요.

먼저 조약은 여러 국가의 대표가 모여 나라들 사이의 문제를 해결할 방법을 공식적으로 약속한 것이에요. 이렇게 조약은 원칙적으로 참여한 국가들 간에 지키기로 합의한 것이기 때문에,

조약을 체결하지 않은 나라들은 조약을 지켜야 할 의무가 없어요. 따라서 효력이 제한적일 수밖에 없습니다.

이에 비하여 국제 관습법은 문서로 된 조약은 아니지만, 오랜 시간 동안 국제 사회에서 일반적인 관행으로 널리 사용되어 왔어요. 그래서 국제법의 중요한 부분을 차지하고 있지요.

법이 효력을 가지려면 그 법을 위반했을 경우에 대한 제재가 있어야 해요. 즉, 구속력과 강제력이 있어야만 법이라고 할 수 있는데, 국제법이 법으로서 자리를 잡는 것이 늦었던 이유는 강제력의 뒷받침이 없었기 때문이에요. 20세기에 들어와서야 국제법의 강제력이 크게 강화되었습니다. 그렇지만 아직도 국제법은 강제력을 즉각적이고 효과적으로 사용하지 못해요. 국제법을 전문적으로 다루는 수사 기관이나 법원이 많지 않기 때문입니다.

우리나라 독도와 관련한 일본의 주장을 사례로 국제법을 좀더 살펴볼까요? 일본은 독도와 관련해 크게 두 가지 주장을 펴고 있습니다.

1) 무주지(無主地·'주인 없는 땅')였던 독도를 일본이 1905년 일본의 영토로 유효하게 편입 조치 하였다. 즉 '먼저 찜했다', 그러니까 자신들이 '선점(occupation)했으니 일본 땅이다'라는 주장
2) 1951년 샌프란시스코 대일평화조약(Treaty of Peace with Japan)에는 독도가 한국의 영토에 포함된다는 명시적 규정(위 조약 제2조 a항 영토 조

독도는 512년 신라의 영토로 귀속된 이후 1905년까지 한국에서 계속 영유, 통치, 관할해 왔음이 역사 기록을 통해 잘 입증되고 있기에 '주인 없는 땅'이 아니고 따라서 일본이 선점하였다는 주장은 이유 없습니다.

항 "일본국은 한국의 독립을 승인하고, 제주도·거문도·울릉도를 포함한 한국에 대한 모든 권리와 권원 및 청구권을 포기한다.")이 없으니 독도는 한국으로부터 제외된다는 주장

먼저 첫 번째 주장부터 볼까요. 국제법상 '선점'이 성립하려면 국가가 무주지에 대한 영유 의사를 명확히 함과 동시에 이 지역에 대한 실효적인 지배가 있어야 합니다. 그런데 독도는 512년 신라의 영토로 귀속된 이후 1905년까지 한국에서 계속 영유, 통치, 관할해 왔음이 역사 기록을 통해 잘 입증(고종 황제가 1900년 10월 25일 대한제국 칙령 제41호에 독도를 울릉도의 부속 섬으로 명시한 것 포함)되고 있기에 '주인 없는 땅'이 아니고 따라서 일본이 선점하였다는 주장은 이유 없습니다.

다음, 두 번째 주장은 어떨까요. 제2차 세계 대전 중 카이로 선언, 포츠담 선언, 1946년 1월 연합국 최고사령관 맥아더 장군이 발표한 연합국 최고사령부 지령(SCAPIN: Supreme Commander of the Allied Powers Instruction) 제677호 등에서 독도에 대한 한국의 영유권을 확인해 주고 있습니다. 따라서 대일평화조약 영토 조항에 '독도'가 빠졌다는 이유로 일본처럼 주장하는 것은 이유 없습니다.

이렇게 근거가 확실하다면 국제사법재판소로 가서 깔끔하게 판결을 받고 '독도는 우리 땅'이라고 못 박으면 일본이 더 이상

억지 주장을 펼치지 않지 않을까요?

일본은 지속적으로 이 문제를 국제사법재판소에 의제로 올려 결론을 내자고 주장하고 있습니다. 하지만 우리나라 정부는 국제사법재판소행을 거부하고 있습니다. 그 이유는 현재 우리나라가 독도를 실제적으로 지배하고 있는 만큼 그럴 필요가 없다는 것입니다.

국제법적 관점에서 우리나라가 승소할 가능성이 높다고는 하지만, 재판이라는 건 결론이 나기까지는 결과를 함부로 예측할 수 없으니까요. "잘해야 본전"인 재판을 우리나라 입장에서 굳이 할 필요가 없다는 것이 중론입니다.

참고로 현재 국제사법재판소 재판관 중 우리나라 사람은 한 명도 없고, 일본인 오와다 히사시(1932년생)는 2003년부터 2018년까지 재판관으로 역임했습니다. 2009년부터 2012년까지는 15명의 재판관을 대표하는 재판소장의 역할도 하였습니다.

국제사법재판소는 원칙적으로 당사국이 명시적 합의를 통해 재판소에 사건을 부탁해 오는 경우에만 재판 관할권을 행사합니다. 따라서 한국 정부가 합의·동의하지 않는 한 독도 문제로 국제사법재판소에서 심판을 받게 될 가능성은 거의 없다고 할 것입니다.

02
# 독도를 위한 법

**열쇠말:** 독도, 일본

**관련 법:**「독도의 지속 가능한 이용에 관한 법률」,

「독도의용수비대 지원법」,

「독도 등 도서 지역의 생태계 보전에 관한 특별법」,

「문화재보호법」

독도를 위한 법

울릉도 동남쪽 뱃길 따라 이백 리 외로운 섬 하나 새들의 고향

그 누가 아무리 자기네 땅이라 우겨도 독도는 우리 땅

가수 정광태 씨가 1982년에 부른 〈독도는 우리 땅〉이라는 노래의 한 대목입니다. 요즘은 가사 중에 '이백 리'가 '87k(팔칠케이)'로 바뀌었습니다. '리(里)' 단위를 지금은 잘 쓰지 않으니 킬로미터(km)로 환산해 바꾼 거라고 합니다.

독도는 「문화재보호법」과 「독도 등 도서 지역의 생태계 보전에 관한 특별법」 등에 의하여 보존과 관리가 이루어지고 있었는데, 이와 같은 법률만으로는 독도 및 그 주변 해역의 해양 수산 자원이나 국토의 일부분으로서의 체계적·지속 가능한 이용 측면에서는 미흡하다는 지적이 있어 왔습니다. 그래서 입법자들이 고민 끝에 「독도의 지속 가능한 이용에 관한 법률」(법률 제7497호 제정 2005. 5. 18.)을 만들었는데, 이 법은 독도에만 적용되는 법입니다.

또 독도에는 독도 수호를 위해 특별한 희생을 한 독도의용수비대가 있는데, 이들 대원과 유족 등에 대한 예우와 지원에 관

한 사항 등을 정하고 있는 「독도의용수비대 지원법」(법률 제7644호 제정 2005. 7. 29.)이 있습니다. 이 법도 독도에만 적용되는 법입니다. 독도의용수비대는 '울릉도 주민으로서 우리의 영토인 독도를 일본의 침탈로부터 수호하기 위하여 1953년 4월 20일 독도에 상륙하여 1956년 12월 30일 국립 경찰에 수비 업무와 장비 일체를 인계할 때까지 활동한 33명의 의용수비대원이 결성한 단체'를 말합니다.

그럼 독도에 적용되는 법의 구체적인 내용은 뭐가 있을까요? 「독도 등 도서 지역의 생태계 보전에 관한 특별법」은 독도를 비롯한 특정 도서, 그러니까 크고 작은 섬에서의 일정한 행위 제한을 정하고 있습니다.

---

**「독도 등 도서 지역의 생태계 보전에 관한 특별법」**

제8조(행위 제한) ① 누구든지 특정 도서에서 다음 각호의 어느 하나에 해당하는 행위를 하거나 이를 허가하여서는 아니 된다.

1. 건축물 또는 공작물(工作物)의 신축·증축

2. 개간(開墾), 매립, 준설(浚渫) 또는 간척

3. 택지의 조성, 토지의 형질 변경, 토지의 분할

4. 공유수면(公有水面)의 매립

5. 입목·대나무의 벌채(伐採) 또는 훼손

6. 흙·모래·자갈·돌의 채취(採取), 광물의 채굴(採掘) 또는 지하수의 개발

7. 가축의 방목, 야생동물의 포획·살생 또는 그 알의 채취 또는 야생식물의 채취

8. 도로의 신설

9. 특정 도서에 서식하거나 도래하는 야생동식물 또는 특정 도서에 존재하는 자연적 생성물을 그 섬 밖으로 반출(搬出)하는 행위

10. 특정 도서로 「생물다양성 보전 및 이용에 관한 법률」 제2조 제8호에 따른 생태계 교란 생물을 반입(搬入)하는 행위

11. 폐기물을 매립하거나 버리는 행위

12. 인화물질을 이용하여 음식물을 조리하거나 야영을 하는 행위

13. 지질, 지형 또는 자연적 생성물의 형상을 훼손하는 행위 또는 그 밖에 이와 유사한 행위

---

예를 들면 독도에 여행 갔다가 바닷가 돌이 예쁘다고 기념품 삼아 가지고 오면 안 됩니다. 야생동물을 섬 밖으로 데리고 나와도 안 됩니다. 그리고 경치가 좋다고 텐트를 치고 야영을 하거나 하는 일도 하면 안 됩니다.

그럼 이런 법 규정을 위반한 사람은 어떤 처벌을 받게 될까요? 「독도 등 도서 지역의 생태계 보전에 관한 특별법」에 의하면, 독도에서 돌을 채취한 사람, 야생동물을 포획하는 등의 행위를 한 사람은 '5년 이하의 징역 또는 5천만 원 이하의 벌금'에, 인화 물질을 이용하여 음식물을 조리하는 행위를 한 사람은 300만 원 이하의 과태료 처분을 받게 됩니다.